KB001707

한나 아렌트의 정치 강의

사유하고 판단하지 않는 시민에게 정치적 자유는 없다!

한나 아렌트의 정치 강의

이진우 지음

Humanist

"정치의 의미는 자유이다."

— 한나 아렌트

사유하지 않음, 이것이 바로 악이다!

모든 시대는 자신만의 문제를 갖고 있지만 동시에 그 문제를 해결할 수 있는 잠재력을 키운다. 우리가 복잡한 현대사회에서 부닥치는 문제들은 너무나 다양하고 서로 엉켜 있어서 문제의 전체 모습을 조망하는 것도 어렵고, 그 핵심을 꿰뚫어 보는 것은 더욱 어렵다. 무엇이 우리 시대의 문제인가? 끊임없이 반복되는 경제 위기, 사회의 양극화와 불평등, 풍요 속의 새로운 빈곤, 부정부패, 테러리즘, 젠더 갈등, 난민 문제, 기후변화 등 우리의 삶에 영향을 주는 문제들은 국내의 현안에서부터 국제적 협력을 통해서만 해결할 수 있는 문제에 이르기까지 복잡하게 얽혀 있다. 이렇게 긴박한 외부 상황들은 정치에 즉각적인 해결을 요구하고 압박한다. 이렇게 매일매일 발생하는 문제들을 쫓다 보면 시대정신을 놓치게 된다.

한나 아렌트(Hannah Arendt)는 우리에게 현실을 이해하고 시대의 흐름을 파악함으로써 행위의 방향을 판단할 수 있는 정치철학적 지평을 제시한다. 방향을 정하지 않고는 우리는 아무것도 시작할 수 없다. 정치적으로 행위를 한다는 것은 방향을 정한다는 것이다. 이런 의미에서 시대정신을 포착한 위대한 철학자들은, 설령 그들의 사상이 정치적이지 않다고 하더라도, 모두 정치철학자이다. 한나 아렌트 자신은 정치철학자로 불리는 것을 기꺼워하지 않았지만, 그 누구보다 현대사회를 이해하려 노력하고 또 그 과정에서 현대의 시대정신을 예리하게 포착했다는 점에서 20세기의 가장 대표적이며 독창적인 정치철학자이다.

한나 아렌트가 자기 시대를 이해하고자 노력하는 모습을 보면서 우리는 우리 시대를 이해하는 법을 배울 수 있다. "나는 이해하고자 합니다." 한나 아렌트가 독일 방송과의 인터뷰에서 한 이 말은 그녀의 삶과 사유를 관통하는 실마리이다. 그녀가 살았던 시대는 전체주의로 불리는 어둠의 시대였다. 어떻게 인간이 수백만 명의 무고한 사람들을 최종 해결이라는 이름으로 과학적이고 체계적인 방식으로 학살할 수 있다는 말인가? 사람을 죽이면서 마치 그들이 한 번도 실제로 존재한 적이 없는 것처럼 처리하는 죽음의 공장이 어떻게 가능하단 말인가? 한나 아렌트는 도저히 이해할 수도 없고 용서할 수도 없는 이 무시무시한 세기의 사건을 이해하는 데 온 열정을 다 바쳤다. 그녀가 1951년 출간한《전체주의의 기원(The Origins of Totalitarianism)》으로 일약 유명해진 것은 결코 우연이 아니다. 그녀의 철학적 문제는 전체주의에서 시작되었다.

✢

　독일 유학 시절에 그녀의 글을 처음 읽었을 때 한나 아렌트는 나에게 '철학적 충격'이었다. 아렌트는 전체주의의 기원을 역사적으로 '서술'하지도, 몇 가지 학술적 범주로 '설명'하지도 않는다. 아렌트는 내게 가장 어두운 시대 상황 속에서도 인간이 인간일 수 있는 자유의 빛을 발견하려고 전체주의의 이야기를 들려주는 사람 같았다. 인간 본성마저 파괴하려는 끔찍하고 무시무시한 전체주의 정권을 경험했으면서도 다양한 사람이 함께 살아가는 이 세계를 사랑해야 한다는 '아모르 문디(amor mundi)'의 사상을 설파하는 아렌트는 나에게 수수께끼였다. 가장 어두운 시대 상황에서 경험한 세계가 결코 아름답지는 않았지만, 그녀는 인간에 의해 만들어진 세계는 결국 인간에 의해 변화될 수 있다는 희망을 잃지 않았다.

　한나 아렌트는 전체주의의 기원을 현실 속에서 발견한 것처럼 그것을 극복할 수 있는 힘도 현실 속에 있다고 생각한다. "전체주의의 해결책은 전체주의 정권이 몰락한 이후에도 강한 유혹의 형태로 생존할 것이다." 한나 아렌트가 《전체주의의 기원》의 마지막 부분에서 한 이 말은 또 다른 충격이었다. 전체주의는 나치 독일의 몰락과 이오시프 스탈린의 죽음만으로는 결코 사라지지 않는다는 것이다. 전체주의가 과거의 일이 되었을 때 비로소 우리 시대에도 여전히 존재하고 있는 전체주의적 경향이 본연의 모습을 드러낼 것이라는 아렌트의 경고는 우리를 섬뜩하게 만든다.

어떻게 인간성을 파괴하는 전체주의적 경향을 극복할 수 있는가? 이 물음에 답하려면 전체주의를 잉태한 현실을 이해해야 한다. 여기서 우리는 아렌트를 대중적으로 유명하게 만든 '악의 평범성(banality of evil)'이라는 용어와 맞닥뜨리게 된다. 우리는 이해할 수 없는 끔찍한 악을 보면 자연스럽게 악마와 괴물을 떠올린다. 악마가 아니라면 어떻게 저런 만행을 저지를 수 있단 말인가? 이 의문과 탄식은 단지 악의 이해 불가능성만 표현할 뿐이다. 아렌트의 기대와는 달리 오토 아돌프 아이히만(Otto Adolf Eichmann)의 모습은 악마가 아니었다. 그는 오히려 가정을 사랑하는 가장이었고, 맡겨진 일을 훌륭하게 해내는 탁월한 공무원이었고, 법을 잘 지키는 시민이었다. 아렌트는 여기서 악이 사이코패스 같은 악한 존재에게서 나오는 것이 아니라 생각하는 능력이 없는 데서 나온다는 것을 깨닫는다. 아이히만은 자신이 무엇을 하는지 생각하지 않았기 때문에 악을 저지른 것이다. 아무런 생각 없이 행위를 하면 결국 '악의 평범성'에 노출된다는 아렌트의 인식은 전체주의 정권이 몰락한 이후에도 전체주의적 경향은 여전히 존재한다는 인식과 맞닿아 있다.

현실을 생각하지 않으면 악을 불러오고, 악은 사유를 허용하지 않는다. 우리에게 생각하지 못하도록 만드는 것이 악이기 때문이다. 우리가 살아가는 현실은 말과 행위를 통해 다른 사람들과 소통함으로써 만들어가는 정치적 공간이다. 이러한 공간 속에서 자신의 삶을 자발적으로 시작할 수 있는 것이 자유이다. 우리가 살아가면서 겪는 온갖 곤경과 고통은 대개 복잡한 인간관계의 망에서 나오지만, 우리의 삶을 시작할 수 있는 자유를 가능하게 하는 것도 이러한 인간관계이다. 아렌트가 말하는 사유는 결코 추상적이고 관념적인 사유가 아니다. 다른 사람의 관점에서 바라보는 사유는 오직 공동체 안에서만 가능하다. 빠르게 변화하는 현대 자본주의 사회에서 우리가 사유하지 못하도록 만드는 것은 너무나 많다. 삶이 너무 바빠서, 해결해야 할 시간이 너무 급박해서, 문제가 너무 복합적이라서 우리는 생각을 포기하고 습관적으로 살아간다. 우리는 자유민주주의 사회 속에서 살고 있지만 급변하는 시대와 거대한 자본주의는 우리를 자동으로 굴러가는 사회의 톱니바퀴로 만든다.

⚜

아렌트는 시대의 노예가 되지 않으려면 멈춰서 생각하고, 우리가 무슨 행위를 하는지를 곰곰이 생각해보라고 조언한다. 우리 시대는 불확실성의 시대이다. 미래는 예측할 수 없고, 과거의 행위는 더욱 더 돌이킬 수 없다. 그렇기 때문에 그 어느 때보다 현실 속에서 미래의 방향을 찾아내는 정치가 필요하다. 현실의 문제를 해결할 방안은 현실 속에 있다. 현실을 설명할 수 있는 이념과 이데올로기도 더는 존재하지 않으며, 미래의 방향을 정해줄 보편적 가치도 존재하지 않는다. 우리는 현실 속에서 미래를 보아야 한다. 여기서 생각하고 행위를 한다는 것은 불확실성의 세계로 들어가는 것이다. 우리가 기댈 난간은 없다. 아렌트는 현실을 있는 그대로 이해하려는 정치적 사유를 '난간 없는 사유'로 표현한다. 이 사유는 현실의 고통이나 현실과의 불화를 무릅쓰고 우리를 혼란스럽게 만드는 현실의 실상을 똑바로 바라보고 진단할 용기를 요구한다. 어떻게 우리는 끝없이 반복하는 것처럼 보이는 이미 익숙한 현실에서부터 새로운 것을 시작할 수 있는가?

이 질문이 강한 호소력을 갖는 사람들에게 한나 아렌트는 중요한 사유의 촉매이다. 한나 아렌트는 우리 시대의 중대한 문제들에 대해 결코 명확한 해결 방안을 제시하지도, 보편타당한 정치 이념을 제시하지도 않는다. 아렌트는 특정한 길로 직접 이끌어주는 길잡이라기보다는 스스로 생각하도록 우리를 끊임없이 이끄는 자극제이다. 만약 우리가 확실한 길잡이를 갖고 있다면 더는 스스로 생각할 필요도 없을 뿐 아니라 생각할 마음조차 일어나지 않을 것이다. 다른 사람이 우리를 대신하여 문제를 생각하고 해결할 것이라고 기대한다면, 그것은 정치와 함께 결국 자신의 자유를 포기하는 것이다.

21세기에 우리를 가장 위협하는 것은 어쩌면 스스로 생각하기를 포기하는 경향일지도 모른다. 이러한 무사유는 언젠가 전체주의를 다시 불러올 수도 있다. 전체주의의 암울한 시대에 현대사회가 갖고 있는 중대한 문제와 곤경, 위험한 경향에 대해 한나 아렌트만큼 예민하고 예리하게 받아들였던 사상가도 없을 것이다. 이러한 문제와 경향은 결코 사라지지 않았다. 그것들은 오히려 아렌트가 예견한 것처럼 더 미묘해지고 복잡해져서 파악하기가 더욱 힘들어지고 있다. 한나 아렌트는 이러한 문제와 경향을 비판적으로 사유하고 진단할 수 있는 관점을 제시한다.

이 책에서 나는 현대사회에서 여전히 제기되는 열 가지의 정치철학적 질문을 아렌트의 관점에서 서술하고자 한다. 이 질문들은 모두 '정치적 자유'와 관련된다. 아렌트는 지상에 태어나 다른 사람들과 함께 살다가 언젠가는 죽어갈 유한한 인간들의 자유는 시작할 수 있는 능력이라고 말한다. 다양한 사람과 함께 살아가는 사회가 종종 우리의 자유를 억압하고 파괴하기도 하지만, 우리의 자유는 다른 사람들과 함께할 때만 실현할 수 있다. 간단히 말해, 정치의 의미는 자유이다. 정치적 사유는 사회의 관계 속에서 자유의 가능성을 찾아가는 것이다. 이런 과정에서 부딪히게 되는 문제들을 질문의 형식으로 제기했다.

⚜

아렌트를 처음 알게 된 이후 줄곧 아렌트의 사상 전체를 정리한 책을 쓰고 싶었다. 오랫동안 아렌트의 사상을 토대로 '정치적 판단력 비판'이라는 제목의 책을 구상해왔다. 그렇지만 아렌트가 살았던 시대만큼이나 어지럽고 어두운 우리 시대에 필요한 것은 생각을 이끌어내는 책이라는 느낌이 강하게 들었다. 이런 맥락에서 아렌트에 관한 기존 연구의 평가와 논쟁은 생략했다. 아렌트가 요구한 것처럼 그녀가 이해하고자 한 사태와 문제를 이해하려고 노력했다.

아렌트와의 대화를 통해 우리의 문제를 이해하는 것이 이 책의 목표이다. 본래는 이 책보다 훨씬 더 간결한 강의의 형식으로 쓰려고 했지만, 아렌트와의 대화가 좀 길어졌다. 아렌트의 육성을 듣는 것처럼 중요한 문장을 인용하고, 그 인용문이 사유와 비판의 실마리가 되도록 글을 풀어가려고 노력했다. 이 문장들만으로도 아렌트의 사상을 조망할 수 있도록 선별했다. 읽는 방식은 대개 이해의 방향을 결정한다. 나의 해석에 영향을 받지 않고 스스로 아렌트를 읽고 이해하는 자극제가 되기를 바랄 뿐이다.

이 책을 쓰도록 제안하고 독려해주신 휴머니스트 김학원 대표님과 황서현 편집주간님, 본래 기획한 것보다 불어난 원고를 꼼꼼하게 읽어준 편집부에도 고마운 마음을 전한다.

2019년 봄 창리 서재에서

이진우

정치의 의미는
자유이다.

The meaning
of politics is
freedom.

우리의 자유는
다른 사람들과
'함께할' 때만
실현할 수 있다.

1
이제 전체주의는 끝났는가?

아이히만이 악마가
아니라면 어떻게
그런 만행을 저지를
수 있단 말인가?
이 질문을 통해
아렌트는 '악의 평범
성'을 이야기한다.

사고가 악을 다루는 순간, 사고는
좌절한다. 거기에는 아무것도 없기
때문이다.

The moment it concerns itself
with evil, it is frustrated
because there is nothing.

Amor
mundi

아렌트가 가장 어두운
시대를 경험했으면서도
세계는 변할 수 있다는
희망을 잃지 않은
이유는 무엇일까?

"전체주의의 해결책은 강한 유혹의 형태로 전체주의 정권이 몰락한 이후에도 생존할 것이다. 즉 인간다운 방식으로는 정치적, 사회적 또는 경제적 고통을 완화할 수 없는 것처럼 보일 때면 언제나 나타날 강한 유혹의 형태로 생존할 것이다."[1]

.
.
.
.
.
.
.
.
.
.
.

전체주의는 왜 출현한 것인가?

아렌트는 이성과 상식으로는 도무지 이해할 수 없는

이 전대미문의 사건을 '이해하고자' 한다.

    진정한 곤경은 우리가 경험한 끔찍하고 경악스러운 위기가 드디어 끝나고 이제는 사라졌다고 생각할 때 찾아온다. 경제적 궁핍과 과잉 인구의 문제를 해결할 수 있다고 믿은 정권이 그 문제를 어느 정도 해결했다고 생각해도, 그 순간 다른 정치적 재앙이 시작될 수 있다. 인류가 경험한 역사상 가장 폭압적인 정권은 두 가지이다. 하나는 1938년 이후 아돌프 히틀러의 나치즘 독재이고, 다른 하나는 1930년 이후 이오시프 스탈린의 볼셰비즘 독재이다. 두 정권 모두 당시 산업화 과정을 겪으면서 뿌리를 잃은 대중의 실업 문제를 해결할 수 있는 처방을 갖고 있다는 선전으로 등장했다. 이렇게 한나 아렌트가 전대미문의 진정한 전체주의 형태라고 부른 정권이 시작된 것이다.

전체주의적 지배는 우리가 역사적으로 경험한 다른 종류의 독재 정치, 전제정치나 참주정치와는 '근본적으로' 다르다. 전체주의 정권 은 우리에게 우선 그 지배 형태의 폭압성과 잔인함을 떠올리게 만든 다. 히틀러의 나치 정권은 유대인 문제를 최종적으로 해결한다는 명 목으로 600만여 명에 달하는 유대인을 체계적으로 학살했다. 1941 년에서 1945년 사이에 당시 유럽에 살고 있던 유대인의 약 3분의 2 가 학살된 것이다. 그리스어로 통째로 태운 제물을 의미하는 '홀로 코스트(Holocaust)'로 불리기도 하고, 히브리어로 재앙을 의미하는 '쇼아(Shoah)'로 불리기도 하는 이 대규모 학살은 우리를 여전히 경 악하게 만든다.

스탈린의 볼셰비키 정권은 소비에트 국가체제를 단단히 굳히기 위해 억압을 정치적 수단으로 선택하고, 그 일환으로 강제노동수용 소인 '굴라크(Gulag)'를 운영한다. 당시 인구의 80퍼센트가 농부였던 국가에서 프롤레타리아트 혁명과 독재를 강화하기 위해 공산당 체 제에 반대하거나 적합하지 않은 생각을 하거나 행동하는 사람들을 철저하게 억압했다는 것은 익히 알려진 사실이다. 강제노동은 재교 육의 수단이었다. 소비에트 정부의 공식 기록에 의하면 1934년에서 1953년까지 약 100만 명이 죽어나갔다고 되어 있으나 실제로는 600 만에서 1,500만 명에 이르는 사람들이 강제노동수용소에서 죽었을 것으로 추정한다.

이 엄청난 학살 규모는 우리의 상상력을 초월할 정도여서 두 정권이 몰락하고 상당한 시간이 지난 지금은 비현실적으로 느껴지기까지 한다. 우리는 상상하기 어렵거나 생각하기 싫은 것은 현실적이지 않은 것으로 여기려는 경향이 있다. 설령 독재의 경향은 여전히 남아 있다고 할지라도 민주주의가 보편화된 오늘날 전체주의는 정치적 역사의 먼지 낀 서고와 박물관에서나 발견할 수 있다고 생각할지도 모른다. 우리는 전체주의를 기껏해야 현대적 형태의 전제정치 또는 한 사람이나 한 정당이 권력을 휘두르는 무법 정부로 해석하고 싶은 유혹을 받는다. 그러나 여기서 한나 아렌트는 전체주의가 "우리에게 낯익은 정치 탄압의 형태와 본질적으로 다르다는 것"[2]을 거듭 강조한다. 전체주의는 전례 없는 정부 형태이다.

> 우리가 알고 있는 전체주의의 모든 것은 무시무시한 독창성을 보여준다. …… 전체주의의 행위들은 우리의 모든 전통과 단절되어 있다.[3]

한나 아렌트의 전체주의를 정확하게 이해하려면 전체주의와 다른 폭압적 정권을 구별하는 질적 차이에 주목해야 한다. 전체주의는 국가권력을 행사하는 데 있어서 한계가 전혀 없으며, 시민의 공적인 삶과 사적인 삶을 완전히 통제한다는 점에서 다른 압제 정부와 구별된다. 전체주의는 전대미문의 테러와 전체적 진리를 주장하는 이데올로기의 정교한 결합이다. 전체적 이데올로기를 토대로 건립된 전체주의 국가는 이 이데올로기에 의해 정당화된 일당 독재에 기반을 두고, 무제한의 강제를 행사하며, 정통적 교리에서 벗어나는 어떤 일탈도 허용하지 않는다. 실업, 갈등 및 불안정과 같은 사회 문제를 영원히 해결하겠다는 점에서 정치적 유토피아를 지향하지만, 결국 테러의 디스토피아로 변질되는 것이 바로 전체주의이다.

이러한 전체주의가 왜 20세기에 출현한 것인가? 전체주의 정권은 도대체 무엇 때문에 수많은 사람을 학살한 것인가? 어떻게 이런 일이 일어날 수 있는 것인가? 한나 아렌트는 우리의 이성과 상식으로는 도무지 이해할 수 없는 이 전대미문의 사건을 이해하고자 한다. 전체주의(totalitarianism)는 그 용어가 이미 말해주고 있는 것처럼 '전체(total)'와 연관이 있다. 우리 사회를 전체적으로 파악하고, 사회를 평가할 수 있는 전체적 진리가 있다고 믿으며, 이 믿음에 근거하여 사회를 전체적으로 변화시키고자 한다. 전체주의는 유사종교적 이데올로기, 과도한 정치적 야망과 과격한 행동을 추구한다. 이런 점에서 전체주의는, 비유적으로 표현하자면, 얼어붙은 호수이기보다는 모든 것을 휩쓸어가는 급류와 같다.

한나 아렌트는 이처럼 전체주의를 특정한 정치체제로 보기보다는 하나의 운동으로 파악한다. 사회 전체에 관한 진리를 갖고 있을 뿐만 아니라 독점하고 있다고 주장하면서 사회의 다원성을 파괴하는 운동이 전체주의의 경향이다. 전체를 지향하는 이러한 태도는 항상 독선과 독단을 가져오고, 이데올로기적 독단은 결국 폭력적 독재를 불러온다. 전체주의가 권력을 잡으면 나라의 사회적·법적·정치적 전통을 파괴하고 전혀 새로운 정치제도를 발전시킨다. 전체주의 정권은 정당 체제를 일당 독재로 바꾸고 결국은 대중운동으로 대체한다. 우리는 과연 이러한 정치적 경향이 완전히 사라졌다고 확신할 수 있을까? 아렌트는 이렇게 말한다.

> 나치 독일의 몰락으로 전체주의가 사라지지 않듯이 스탈린의 죽음으로 전체주의가 사라지는 것은 아니라는 결론은 불가피하다. 우리 시대의 진정한 곤경이 원래의 형태—반드시 가장 잔인한 형태는 아니라 하더라도—를 드러내는 것은 전체주의가 과거지사가 될 때일지 모른다.[4]

히틀러와 스탈린의 전체주의 정권이 몰락한 이후에도 우리는 수많은 폭압 정권을 경험했다. 마오쩌둥의 문화혁명, 캄보디아 크메르루주 정권, 르완다에서 보스니아에 이르는 공포정치는 여전히 전체주의의 경향을 보여준다. 2018년 재선으로 2024년까지 집권하게 됨으로써 스탈린 이후 최장 집권을 확정한 블라디미르 푸틴 러시아 대통령은 21세기의 차르로 불릴 정도로 막강한 권력을 갖고 있으며, 시진핑 중국 주석은 2018년 3월 11일 전국인민대표대회에서 국가주석 임기 제한 규정을 폐기함으로써 장기 집권의 틀을 마련하여 거의 황제로 불릴 정도의 독재 체제를 구축했다. 물론 이러한 정치체제가 독재일지언정 가장 잔인한 형태의 전체주의는 아니라고 말할 수 있다. 그러나 이러한 정권들이 민주사회의 토대이며 특징이라고 할 수 있는 다원성을 파괴하는 전체주의적 경향을 갖고 있다는 점은 분명하다. 그렇기 때문에 우리는 한나 아렌트가 경고하는 것처럼 전체주의 정권의 몰락 여부와는 관계없이 여전히 존재하고 있는 전체주의적 경향에 주목해야 한다.

전체주의는 하나의 정치적 '운동'이다.
히틀러와 스탈린은 이 운동이 지속될 때에만
권력을 유지할 수 있다는 것을 꿰뚫어 본
전체주의 운동의 탁월한 지도자들이다.

전체주의는 독재나 전제정치와 같은 특정한 정권의 형태가 아니라 하나의 정치적 운동이다. 만약 전체주의가 하나의 정권이라면 정권이 몰락할 때 전체주의도 사라질 수 있다. 그렇다면 나치 정권과 볼셰비키 정권이 몰락한 오늘날 더는 전체주의를 걱정할 필요가 없을 것이다. 물론 지금도 신나치주의와 새로운 파시즘이 없는 것은 아니지만 현실정치에서 히틀러와 스탈린의 이름은 놀랍게도 철저하게 잊혔다고 해도 과언이 아니다. 오늘날 히틀러와 스탈린에게 의미를 부여하는 사람은 거의 없다.

전체주의 지도자들이 이렇게 빨리 망각되었다는 사실은 우리에게 궁금증을 불러일으킨다. 그들이 살아 있을 동안에는 어떻게 누구라도 감염될 수밖에 없는 정치적 매력과 영향력을 발휘했던 것일까? 한나 아렌트에게 히틀러나 스탈린 같은 정치 지도자들은 폭압적인 통치자일 뿐만 아니라 전체주의 운동의 탁월한 지도자들이다. 그들은 운동을 계속 유지하고 또 주변의 모든 것을 움직일 수 있는 동안에만 권력을 유지할 수 있다는 전체주의의 성격을 꿰뚫어 본 사람들이었다.

> 나치즘이나 볼셰비즘 모두 새로운 형태의 정부를 선언하지 않았으며, 권력을 장악하고 국가 기구를 통제함으로써 자신들의 목표가 성취되었다고 주장하지 않았다. 그들의 지배 이상은 어떤 국가나 폭력 장치도 결코 성취할 수 없는 것이었으며, 단지 끊임없이 움직이는 운동일 뿐이었다. 다시 말해, 삶의 모든 영역에서 개개인을 지속적으로 지배하는 것이었다.[5]

역사상 유례없는 테러 정치를 구현한 전체주의를 하나의 대중 정치 운동으로 파악하는 것은 언뜻 전체주의의 의미와 위협을 약화하는 것처럼 보인다. 그러나 아렌트는 전체주의가 운동이기 때문에 개성을 말살함으로써 개개인을 총체적으로 지배하는 훨씬 더 끔찍한 결과를 가져온다고 말한다. 만약 전체주의의 목표가 폭력을 통한 권력 장악이라면 권력의 획득과 함께 폭력이 끝나야 한다. 반란, 혁명, 쿠데타가 아무리 폭력적일지라도 정권이 바뀌면 폭력은 약화되거나 점차 사라진다. 그런데 운동이 지속될수록 더욱더 폭력적이 되는 상황을 상상해보라. 전체주의 "운동의 실천 목표는 되도록 많은 사람을 운동으로 끌어들여 조직하고, 그들을 계속 움직이게 하는 것이다.

운동을 멈추게 할 정치 목표는 존재하지 않는다."[6] 전체주의는 정치적 목표가 없는 폭력적 운동이다. 그렇기 때문에 더욱 무섭고 두려운 것이다.

매우 비정치적이던 대중이
어떻게 무시무시한 형태로 정치화될 수 있었을까?
세계와 방향을 잃어버린 '뿌리 뽑힌 대중'을 향한 선전은
일관된 거짓말의 세계를 꾸며낸다.

　그렇다면 왜 수많은 사람이 전체주의 운동에 휩쓸린 것인가? 거리와 광장을 빽빽하게 메운 군중이 "하일 히틀러!"를 연호하며 전체주의 지도자의 격정적인 연설에 빠져 있는 장면은 여전히 소름 끼친다. 어떻게 이런 일이 가능했던 것일까? 전체주의 운동을 상징하는 급류를 상상해보면 하나의 답을 떠올릴 수 있다. 뿌리 깊은 나무는 급류에 쉽게 휩쓸리지 않는다. 반면, 뿌리 뽑힌 나무들은 급류에 떠밀려 내려간다. 한나 아렌트가 반복해서 이야기하고 있는 "뿌리 뽑힌 대중"[7]은 전체주의 운동의 자원이다. 전체주의 운동은 원자화되고 개인화된 대중의 특별한 조건에 의존하기 때문에 "전체주의 운동은 이런저런 이유로 정치 조직에 대한 욕구를 가진 대중이 있는 곳이라면 어디에서나 나타날 수 있다."[8]

　여기서 대중이 뿌리 뽑혔다는 것은 도대체 무슨 의미일까? 아렌트

는 사회적 원자화와 극단적인 개인화가 대중운동보다 먼저 일어났다고 진단한다. 산업화는 이농현상을 촉발했으며, 도시에서 일자리를 찾기 위해 전통적으로 묶여 있는 농촌 공동체를 떠난 노동자들은 하나하나 흩어진 원자가 될 수밖에 없었다. 전체주의는 이처럼 사회 분열에 의해 대중이 출현한 현상과 밀접한 연관이 있다. 대중은 일차적으로 아무런 공동관심이 없다. 이들은 고유한 목표를 갖고 있는 특정한 계급의식도 없다. 이들은 공동관심에 기초한 기존의 어떤 조직으로도 통합될 수 없는 사람들이기 때문에 정당에 참여하지도 않고 투표하러 가지도 않는다. 간단히 말해 대중은 사회적·정치적으로 어떤 공동의 관심도 갖고 있지 않다는 점에서 '비정치적'인 사람들의 무리이다.

> 사회가 분열하여 고도로 원자화되면서 대중이 생겨났다는 것은 사실이다. 이 사회의 경쟁 구조와 그로 인한 개인의 고독은 어떤 계급의 구성원이 됨으로써만 해소될 수 있었다. 대중적 인간의 주요 특징은 야만과 퇴보가 아니라 고립과 정상적 사회관계의 결여이다.[9]

전체주의 정권이 몰락한 포스트 전체주의 시대에 이러한 대중이 없다고 말할 수 있을까? 대중이 없다면 전체주의가 불가능하다. 이런 점에서 전체주의는 19세기의 산물이라고 할 수 있다. 한나 아렌트가 매우 간결한 명제로 규정하는 것처럼 "전체주의 운동은 원자화되고 고립된 개인들의 대중 조직이다."[10] 원자화되고 파편화된 개인들이 아무런 공동관심도 없이 흩어져 있다면, 전체주의는 언제나 어디에서나 가능하다.

그렇다면 본래는 매우 비정치적이었던 대중이 어떻게 무시무시한 형태로 정치화된 것일까? 여기서 우리는 전체주의가 대중을 정치적으로 조직화하는 운동 양식에 관심을 가질 필요가 있다. 전체주의는 이데올로기와 테러, 선전 선동과 비밀경찰을 정교하게 결합함으로써 대중을 조직한다. 우선, 전체주의는 세계와 방향을 잃어버린 대중이 스스로를 동일시할 수 있는 이데올로기를 제공한다. 이데올로기는 "지지자들이 만족할 정도로 모든 것과 모든 사건을 단 하나의 전제에서 추론하여 설명할 수 있는 '이즘(ism)'"[11]이다. 이데올로기는 말 그대로 이념의 논리이기는 하지만, 여기서 중요한 것은 이념이 적용되는 부단한 과정과 역사이다. 스탈리니즘은 프롤레타리아 혁명을 끊임없이 실행하는 운동의 이데올로기이고, 나치즘은 아리안 민족의 우월성을 실현하는 민족주의 운동이다.

전체주의 이데올로기는 엄밀한 의미에서 이념 자체에는 관심이 없다. 따라서 이념에 관한 공적 논의를 허용하지 않는다. 그것은 전체주의 이데올로기가 세 가지 특성을 갖고 있기 때문이다. 첫째, 전체주의 이데올로기는 총체적 설명을 주장하지만, 존재하고 있는 현실보다는 미래에 대한 예측을 지향한다. 유대인 문제가 해결된 미래의 모습을 강조함으로써 현재의 유대인을 청소해야 한다는 논리를 펼친다. 둘째, 이데올로기적 사고방식은 모든 경험에서 벗어나 있다. 다시 말해 현실적 경험을 통해 이데올로기가 비판되거나 수정될 가능성은 처음부터 없는 것이다. 셋째, 이데올로기는 현실을 바꿀 힘이 없기 때문에 논리적 일관성만 강조한다. 이데올로기는 현실을 실질적으로 변화시키기보다는 우리의 머리를 세뇌함으로써 현실이 변화했다고 믿게 만든다. 경험과 현실을 무시하는 이데올로기는 결국 우리를 논리적으로 강압한다.

전체주의 정권이 대중에게 이러한 이데올로기를 강요하기 위해 사용하는 방식이 바로 선전이다. 대중은 오직 선전을 통해서만 전체주의 운동에 동원된다. 전체주의 국가에서 선전은 항상 테러와 함께 이루어지지만, "전체주의는 사람들을 위협하기 위해서 폭력을 사용한다기보다는 오히려 이데올로기 교의와 실천적 거짓말을 끊임없이 실현하기 위해 폭력을 사용한다."[12] 실업 문제가 커다란 사회적 문제로 떠오른 상황을 가정해보자. 전체주의는 이 경우 우선 실업이 존재하지 않는다고 선전한다. 다음으로 이를 증명하기라도 하듯이 실업자 지원 정책을 중단한다. 그러고는 일하지 않는 사람은 먹을 자격이 없다는 이데올로기를 퍼뜨린다. 실업이라는 현실적 문제를 해결하기 위해 실업이라는 현실을 부정하는 것이다.

사람들은 왜 이런 어처구니없는 거짓말에 속는 것일까? 전체주의적 선전은 이데올로기의 세 가지 특성에 따라 이루어진다. 첫째, 전체주의 선전은 과학성을 근거로 내세우는 배타적 주장이다. 나치즘이 인종주의적 민족주의를 정당화하기 위해 우생학이나 골상학을 이용한 것처럼, 전체주의는 이데올로기의 절대적 진리를 주장하기 위해 과학의 옷을 빌린다. 한나 아렌트는 이러한 대중 선전과 현대 대중 광고의 유사성을 재미있게 서술한다. 세계에서 제일 좋은 비누를 선전하는 "광고인의 상상적인 과장 속에는 실제로 이미 폭력 요소가 들어 있다. 이 특정 상표의 비누를 사용하지 않는 소녀들은 평생 여드름을 지닌 채 살 것이며 남편을 만나지 못할 것이라는 주장 뒤에는 난폭한 독점의 꿈이 도사리고 있다."[13] 이처럼 정치적 이데올로기 역시 절대적 타당성을 주장하는 역사 법칙을 내세워 만약 이에 편승하지 않으면 역사에 뒤쳐질 것이라는 인식을 폭력적으로 심어준다.

둘째, 전체주의 선전은 이러한 이데올로기적 진리를 예언의 형태로 제시한다. 대중을 움직이는 것은 현실 문제의 해결이기보다는 미래에 대한 예측이다. 우리의 상식으로는 사람들의 행위를 예측하는 것은 거의 불가능하다. 이런 점에서 전체주의의 예언은 개인의 행위와 행동의 예측 불가능성을 제거한다. 우리는 모두 개인의 이해관계에 따라 행동한다. 어떤 정당의 후보를 찍으면 나에게 어떤 이익과 복지가 주어질지 예측하고 투표한다. 전체주의는 이러한 공리주의적 전통마저 파괴한다. 전체주의 운동에 참여할 때 그러한 정치 행위로 누가 이득을 볼지는 중요하지 않다. 그것이 역사 법칙이기 때문에 참여하는 것이다.

대중의 특징은 어떤 사회적·정치적 조직체에도 속하지 않는 것이기 때문에 정말 개인적 이해관계의 카오스라 할 수 있다. 보통 정당의 당원들이 보여주는 가장 커다란 충성과도 질적으로 구별되는 전

참석자들에게 나치 경례를 받는 히틀러

"복종하면서, 꼭두각시처럼
죽음을 향해 걸어가는 인간들의 행렬보다
더 무서운 것은 없다."

-《전체주의의 기원 2》 중에서

체주의 운동 구성원들의 열광은 스스로를 희생할 준비가 되어 있는 대중의 이기주의의 결여에서 나온다.[14]

셋째, 전체주의 정권은 자신들의 예언을 실현하기 위해 결코 오류를 허용하지 않는다. 잠재적 살인자가 문제가 되는 사람을 살해함으로써 자신의 말을 증명하는 것처럼, 전체주의 지도자들은 자신의 거짓말이 현실이 될 때까지 선전하고 폭력을 행사한다. 실제로는 존재하지 않는 유대인 문제를 증명하기 위해 인종 청산이라는 잔인무도한 방법을 사용하는 것처럼 말이다. 이렇게 전체주의 운동은 권력을 장악하고 이데올로기에 따라 세계를 건립하기 이전에 선전을 통해 일관된 거짓말의 세계를 꾸며낸다. "뿌리 뽑힌 대중은 이 거짓말의 세계 속에서 고향처럼 느낄 수 있고 또 현실적인 삶과 실제의 경험들이 인간과 그들의 기대에 가하는 끝없는 충격을 피할 수 있다."[15] 이처럼 전체주의 이데올로기는 현실에서 허구로 도피할 수 있는 길을 열어준다.

이러한 전체주의적 선전에 빠진 대중은 결국 현실에서 완전히 단절되어 경험과 현실에서 아무런 것도 배우지 못한다. "이런 종류의 선전 효과는 현대 대중의 주요 특징 중 하나를 보여준다. 그들은 눈에 보이는 명백한 것을 믿지 않으며, 그들 자신이 경험한 현실도 믿지 않는다. 그들은 자신의 상상을 제외하고는 자신들의 눈과 귀조차 신뢰하지 않는다."[16] 이들이 잃어버리는 것은 결코 현실뿐만이 아니다. 그들은 공동의 관심사뿐만 아니라 결국 자신의 이기주의와 이해관계마저 잃어버림으로써 자신만의 삶을 새롭게 시작할 수 있는 행위의 능력마저 파괴한다. 그들은 엄밀한 의미에서 전체주의 정권에 의해 테러를 당하기 이전에 이미 완전히 파괴된 것이다. 만약 철저하게 원자화되고 파편화된 대중이 여전히 존재하고 또 전체주의적 경향이 발견된다면, 우리가 어떤 오류도 인정하지 않고 자신만 옳다고 주장하면서 자신의 이념을 예언의 형태로 배타적으로 주장하는 정치적 운동을 경계해야 할 까닭이 여기에 있다.

선전에 현혹되어 개성을 잃은 대중 앞에서 테러 정치는 시작한다. 반대자가 아니라 완전히 정복한 대중에게 행사한다는 점이 테러 정치의 진정한 공포이다.

대중이 선전 선동에 현혹되어 모든 개성을 잃고 거대한 운동을 위해 열광적으로 희생할 준비가 되어 있는 순간 테러 정치가 시작된다. 테러는 반항하거나 반대하는 사람들을 제압하기 위해 사용하는 폭력이 아니다. 이런 경우 반대자나 저항자가 사라지면 테러 역시 사라지는 것이 당연한 이치이다. 그러나 한나 아렌트는 완전히 정복된 사람들 위에 군림한다는 사실이 테러의 진정한 공포라고 말한다. 전통적으로 국민은 강력한 권력을 가진 지배자를 두려워하고, 지배자는 언제 어떻게 반응하고 행동할지 모르는 국민을 두려워한다. 그렇기 때문에 독재정치와 전제정치는 필요할 경우에는 법의 제한을 받지 않고 자신의 권력을 자의적으로 사용하려는 경향이 있다. 그러나 전체주의 정권은 국민을 두려워할 필요가 없을 때에도 테러를 행사한다. 이처럼 테러는 전체주의 통치 형식의 본질이다.

> 전체주의 정부에서 테러는 반대파를 진압하기 위해 이용되기는 해도 단순히 반대파를 진압하는 수단만은 아니다. 테러가 모든 반대와 무관해질 때 전체주의적이 된다. 아무도 방해하지 않을 때 테러는 가장 위에 군림하며 통치하게 된다. 합법성이 비독재 정부의 본질이고, 무법이 독재의 본질이라면, 테러는 전체주의 지배의 본질이다.[17]

전체주의 국가에서 테러는 단순히 협박 수단이 아니라 본질 자체이다. 이러한 테러 국가는 어떤 다른 정당도, 어떤 반대도, 어떤 정치적 의견 표명도 허용하지 않는다는 점에서 또 사람들의 자유와 자발성을 완전히 박탈한다는 점에서 총체적이다.

사람들은 총체적 테러를 받으면 아무것도 할 수 없다. 스탈린 정권하에서 활동했던 러시아의 작곡가 드미트리 쇼스타코비치의 삶을 그린 줄리언 반스(Julien Barnes)의 소설 《시대의 소음(The Noise of Time)》은 테러의 일상화가 어떻게 개개인을 철저하게 지배할 수 있는가를 잘 보여준다.[18] 폭압적인 독재 정권이 반체제 인사들을 한꺼번에 데려가서 강제수용소에 감금한다면, 그것이 폭력적이기는 해도 남아 있는 사람들에게는 어느 정도의 안정과 자유 공간이 허용된다. 그런데 한 번에 한 사람씩 끌고 간다면, 그것도 언제 끌고 갈지 알 수 없다면 공포는 극대화된다. 어느 날 군화를 신은 발소리가 들린 후 이웃의 누군가가 끌려가는 소리를 듣게 된다면, 남아 있는 사람들은 '내일은 내가 끌려가는 것이 아닐까?'라는 총체적 공포에 휩싸인 채 아무것도 할 수 없게 된다. 그들이 할 수 있는 일이라고는 무력하게 기다리는 것뿐이다.

전체주의 정권은 비밀경찰과 강제수용소를 통해 이러한 테러를 지속적으로 활용한다. 전체주의 정권은 모든 실정법을 무의미하게 만들어 법과 무법의 경계를 불투명하게 만든다. 전체주의 정권이 오직 나치즘처럼 인종주의적 자연법칙과 스탈리니즘처럼 프롤레타리아트 혁명의 역사법칙만 인정한다면, 테러는 이러한 법칙을 실행하는 지속적인 수단이 된다. 전체주의적 테러는 종을 위해 개인들을 제거하고, 전체를 위해 부분을 희생시킨다. 그런데 인간 공동체는 새로운 생명이 탄생함으로써 항상 새롭게 시작한다. 새로 탄생하여 공동체 안으로 들어오는 사람들은 전체주의 정권에게 항상 새로운 위협이 된다. 이 위협을 제거하기 위해서도 전체주의 정권의 테러는 계속되어야 하는 것이다.

자연 운동 또는 역사 운동의 순종적인 하인 역할을 수행하는 테러는 그 과정에서 어떤 특별한 의미에서의 자유뿐만 아니라 자유의 근원, 즉 인간이 탄생한다는 사실과 함께 주어져 있고 새로운 시작을 할 수 있는 인간의 능력 속에 존재하는 자유의 근원까지 제거해야만 한다. 테러의 강철 끈은 복수로 존재하는 인간들을 해체하여 거기서 단 한 사람을 만들어내며, 이 사람은 반드시 자신이 역사나 자연의 진행 과정에서 한 부분을 구성하는 것처럼 행동하게 될 것이다.[19]

다양한 사람을 '한 사람'으로 만들고, 새롭게 시작할 능력을 제거하는 것이 전체주의다.

전체주의 정권은 거대한 역사의 주체가 된다는 허위의식을 심어줌으로써 개인을 제거하고, 새로운 시작을 할 수 있는 자유의 능력을 파괴한다. 다양한 사람을 '한 사람(One Man)'으로 만드는 것은 전체주의적이다. 새롭게 시작할 수 있는 능력을 제거하는 것은 전체주의적이다. 다양한 사람이 논의하고 토론하며 소통할 수 있는 공간을 파괴하는 것은 전체주의적이다. 이것이 바로 전체주의를 하나의 운동으로 파악한 한나 아렌트가 우리에게 주는 경고이다.

한나 아렌트에 의하면 총체적 지배는 세 단계로 이루어진다.[20] 첫째는 법적 인격을 죽이는 것이다. 우리는 국가에게 행위의 주체, 권리와 의무의 주체로 인정받을 때 법적 인격이 된다. 국민은 법적 인격이다. 전체주의 정권은 일정한 범주의 사람들에게서 국적을 박탈함으로써 법적으로 보호할 대상에서 제외한다. 현행법에 의거한 유죄와 무죄는 무의미해진다. 전체주의 정권이 '열등 인종', '살기에 부적합한 사람' 또는 '퇴폐적인 사람'으로 규정한 사람들은 다른 범죄자들과 함께 수용소에 감금된다. 차이가 있다면 범죄자들은 적어도 왜 자신들이 수용소에 있는지를 알았기 때문에 여전히 법적 인격을 갖고 있었지만, 아무런 이유 없이 감금당한 사람들은 무국적자가 됨으로써 자기 나라에서 법률상의 보호를 빼앗긴 것이다. 이처럼 희생자를 자의적으로 선발하는 전체주의 테러는 법적 인격을 살해함으로써 행위능력을 박탈한다.

총체적 지배의 두 번째 단계는 개인으로서 죽을 권리를 박탈함으로써 도덕적 인격을 살해한다. 수용소에 감금된 사람들은 죽는 것도 마음대로 할 수 없었다. 살아남기 위해서는 살해에 협조해야 하거나 가족을 살리기 위해서 자살마저 할 수 없다면, 죽을 권리마저 빼앗긴 것이다. 강제수용소의 피수용자들은 사실 누가 죽었는지조차 알 수 없었다. 이렇게 "강제수용소는 죽음 자체를 익명으로 만들기 때문에 죽음에서 완성된 삶의 종말이라는 의미를 빼앗았다. 어떤 의미에서 그들은 한 개인의 고유한 죽음조차 가져가 버렸다."21

총체적 지배의 세 번째 단계는 사람들의 개성을 파괴함으로써 자발성을 박탈한다. 우리는 전체주의 지도자에게 열광하는 광신적 대중에게도 경악하지만, 수백만의 사람들이 아무런 저항도 없이 가스실로 걸어 들어갔다는 사실에도 놀란다. 어떻게 이러한 현상을 설명할 수 있단 말인가? 아렌트는 "복종하면서, 꼭두각시처럼 죽음을 향해 걸어가는 인간들의 행렬보다 더 무서운 것은 없다."22고 말한다.

한 사람을 다른 사람과 구별하는 개성이 존재하는 한 자발성은 항상 나타나며, 자발성이 존재하는 한 저항과 새로운 시작은 언제나 가능하다. 그렇기 때문에 전체주의 정권은 궁극적으로 개성을 총체적으로 파괴하고자 한다. 전체주의 정권은 자발적으로 행동하는 개인들보다는 단순히 반응하는 꼭두각시를 원할 뿐이다. 결국 "전체주의는 인간에 대한 전제적 지배를 추구하는 것이 아니라 인간이 완전히 무용지물이 되는 시스템을 갖고자 노력한다. 전체주의가 권력을 얻고 지킬 수 있는 곳은 조건반사의 세계, 자발성의 흔적이라고는 조금도 없는 꼭두각시의 세계뿐이다."[23] 이런 관점에서 보면 수용소의 피수용인들이 가스실에서 죽기 이전에 이미 인간으로서 철저하게 살해되었다고 할 수 있다.

이렇게 상상하기조차 끔찍한 전체주의는 히틀러와 스탈린의 몰락과 함께 사라진 것인가? 우리 시대에는 이제 인간을 무용지물로 만들려는 전체주의의 경향이 더는 존재하지 않는 것인가? 한나 아렌트는 이 물음에 대해 이렇게 경고한다. "전체주의의 해결책은 강한 유혹의 형태로 전체주의 정권이 몰락한 이후에도 생존할 것이다. 즉 인간다운 방식으로는 정치적, 사회적 또는 경제적 고통을 완화할 수 없는 것처럼 보일 때면 언제나 나타날 강한 유혹의 형태로 생존할 것이다."[24] 전체주의를 두 번 다시 경험하고 싶지 않다면, 우리는 아렌트의 경고를 진지하게 받아들여 인간다운 방식의 정치를 추구해야 한다.

정치의 의미는
자유이다.

The meaning
of politics is
freedom.

우리의 자유는
다른 사람들과
'함께할' 때만
실현할 수 있다.

2
무엇이 우리를 쓸모없는 존재로 만드는가?

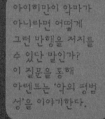

아이히만이 악마가
아니라면 어떻게
그런 만행을 저지를
수 있단 말인가?
이 질문을 통해
아렌트는 '악의 평범
성'을 이야기한다.

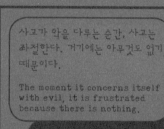

사고가 악을 다루는 순간, 사고는
좌절한다. 거기에는 아무것도 없기
때문이다.

The moment it concerns itself
with evil, it is frustrated
because there is nothing.

Amor
mundi

아렌트가 가장 어두운
시대를 경험했으면서도
세계는 변할 수 있다는
희망을 잃지 않은
이유는 무엇일까?

"인간을 남아도는 존재로 만드는 인간의 잉여화. 그것은 인간을 수단으로 이용하는 것만이 아닙니다. 인간의 수단화는 존재는 건드리지 않고 오직 인간의 존엄만 해치지만, 인간의 잉여화는 인간을 남아돌아 쓸모없는 존재로 만드는 것입니다."[1]

우리가 도저히 받아들일 수 없는 악은 무엇인가?

어떤 이유도 없이 인간을 학살하는 행위,

그것은 처벌할 수도 없고 용서할 수도 없는 근본악이다.

정치적 악은 괴물이나 악마에 의해 저질러지는 것이 아니라 하나의 타락하고 도착적인 체계에 의해 모습을 드러낸다. 평범한 사람들을 하나의 조직으로 연결하고 결합한다는 점에서 체계이고, 그 사람들조차 단순한 부속품으로 전락시킨다는 점에서 도착적이다. 사람을 빼놓고서 괴물과 악마를 논할 수 있을까? 사람은 악을 행할 수 있고, 그런 행위를 하는 사람을 악마라고 부른다. 우리 인간 행위의 특징이 정치적일 수밖에 없다면, 정치적 악(惡) 역시 가능할 것이다.

그렇다면 정치적 악은 도대체 무엇인가? 우리는 어떤 현상을 악이라고 말하는가? 국민을 위한 정치를 할 것이라고 기대한 대통령이 지위와 권력을 이용해 자기 이익을 챙기는 데 혈안이 된 모습을 보고 정치적으로 사악하다고 말할 수 있다. 어느 정치인의 말처럼 "정권 대신 이권을 잡은" 사람과 권력이 괴물처럼 보이는 것은 사실이다. 그렇지만 정치적 권력에 비례하여 국민에 대한 책임도 커진다는 사실을 알고 있으면서도 탐욕과 이기심의 유혹을 이기지 못한 정치인들은 너무나 많아서 이들을 모두 악마로 취급하는 것은 적절하지 않다.

모든 인간은 권력에 대한 욕망을 가지고 있다는 사실을 받아들인다고 해도, 우리는 자신의 권력욕을 위해 다른 사람을 단순히 수단으로 이용하는 것을 도덕적으로 용납하지 않는다. 인류 역사상 권력은 언제나 현실이었음에도 도덕과 이념으로 통제하려는 전통에 반기를 들고 권력의 현실을 최초로 인정한 니콜로 마키아벨리의《군주론(Il Principe)》이 악마의 손으로 쓴 책이라고 맹렬하게 비난한 것은 이 때문이다. 그렇지만 이 악마의 책을 불태우고 도덕적으로 배척한 교황과 군주 들이 이 책을 은밀히 읽는 열렬한 독자였다는 아이러니를 생각하면, 권력욕을 악으로 규정하는 주장은 그다지 설득력이 없는 것 같다. 권력을 잡으려는 세력이 자신들에게 저항하는 민주 시민들을 마치 적군을 대하듯 무차별 학살하는 행위가 물론 쉽게 이해되지는 않지만 말이다.

우리의 일상생활에는 광명과 암흑, 선과 악을 절대적으로 구별하는 마니교의 이원론적 성향이 뿌리 깊게 박혀 있다. 여기서 악은 우리가 증오하고 경멸하는 모든 것을 대변한다. 그래서 우리는 이것을 폭력적으로라도 제거하고자 한다. 오늘날에도 극도로 이념적이고 광신적인 집단은 자신이 경멸하고 파괴하고 싶은 대상을 악으로 규정하지 않는가. 그렇지만 우리가 경험하는 정치적 악행은 다양하다. 그 스펙트럼은 도덕적으로 용납은 되지 않지만 이해할 수 있는 것에서 도덕적으로 용납되지 않을 뿐만 아니라 인간으로서 도무지 이해되지 않는 것까지 폭넓다. 그렇다면 우리는 도대체 어떤 것을 정치적 악으로 규정할 수 있을까? 한나 아렌트는 나치 전체주의 정권이 저지른 악행을 이해하기 위해 '근본악'과 '절대악'이라는 개념을 도입한다.

> 모든 것이 가능하다는 전체주의 신앙은 이제까지 모든 것이 파괴될 수 있다는 사실만 증명한 것처럼 보인다. 그러나 모든 것이 가능하다는 것을 증명하려는 과정에서 전체주의 정권은 스스로 인식하지 못한 채 처벌할 수도 용서할 수도 없는 죄가 있다는 사실을 발견했다. 불가능한 것을 가능하게 만들 때, 그것은 처벌할 수도 용서할 수도 없는 절대적인 악이 된다. 절대악은 이기심, 탐욕, 시기, 적개심, 권력욕이나 비겁함 같은 사악한 동기로 이해할 수도 없고 설명할 수도 없다. 그래서 분노로도 복수할 수 없고, 사랑으로도 참을 수 없으며, 우정으로도 용서할 수 없다.[2]

어떤 악이 도대체 처벌할 수도 없고 용서할 수도 없는 정치적 악인가? 1941년 중반 동부 유럽에서 자행된 대량 학살에 관한 소식이 차츰 알려지기 시작했을 때 사람들은 자신의 귀를 의심할 수밖에 없었다. 들은 것이 전혀 믿기지 않았다. 인류의 역사에 전쟁이 끊임없이 벌어졌다는 사실을 모르는 바도 아니고, 전쟁 중에는 수많은 사람이 비참하게 죽을 수밖에 없다는 것을 알고 있지만, 적군도 아니고 폭도도 아닌 무고한 사람들을 아무런 이유도 없이 학살하는 시체 공장이 운영된다는 것을 믿을 사람이 어디 있겠는가. 산업처럼 체계적으로 조직된 대량 학살은 우리의 "상상력"과 "이해력"을 파괴했다.[3] 그렇기 때문에 한나 아렌트에게는 죽음의 강제수용소가 "나치에 의해 건립된 지옥"[4]처럼 여겨졌고, 초자연적인 악행을 저지르는 사람들은 "괴물"[5]로 보일 수밖에 없었다. 범죄의 엄청난 규모는 죄와 벌 사이의 일반적인 비례관계를 파괴했다. 희생자들은 절대적으로 무고한 것처럼 보였고, 가해자들은 절대적으로 죄를 짓는 것처럼 보였다.

나치의 강제수용소가 해방되어 거기에서 몇 년 동안 일어났던 모든 만행이 전체적으로 드러나기 시작한 1945년에 한나 아렌트는 이미 이렇게 분명히 말한다. "악의 문제는 유럽에서 전쟁 이후의 지적 삶에서 핵심 문제가 될 것이다."[6] 한나 아렌트는 평생 이 문제를 이해하고자 노력했다. 아렌트는 다양한 사유를 시도했지만 결국 거듭해서 이 문제로 돌아갔다. 한나 아렌트는《전체주의의 기원》서론에서 이렇게 말한다. "전체주의의 마지막 단계에서 절대악(absolute evil)이 (인간적으로 이해할 수 있는 동기에서 추론해낼 수 없기 때문에 절대적이다.) 출현한 것이 사실이라면, 마찬가지로 이 절대악 없이 우리는 결코 악의 진정한 근본 성격을 알지 못했으리라는 것도 사실이다."[7]

아렌트는 죽음의 수용소에 관한 소문을 처음 들었을 때 어떤 반응을 보였느냐는 질문을 받았을 때 깊이를 알 수 없는 암흑의 심연이 열리는 것 같았다고 대답하면서 이렇게 말하곤 했다. "우리 스스로 화해할 수 없는 어떤 것이 거기서 발생했습니다."[8] 만약 정치가 인간의 행위로 인해 벌어지는 악은 되도록 줄이고 선을 늘리는 것이라면, 우리는 늘 이 물음을 가슴에 품고 현실을 바라보아야 한다. 우리가 도저히 화해할 수 없고 받아들일 수 없는 악은 무엇인가?

한나 아렌트 정치철학의 독특한 성격을 이해하려면, 그녀가 전체주의의 절대적 악 또는 근본악에서부터 출발했다는 사실을 파악해야 한다. 어떤 이유도 없이 그리고 아무런 동기도 없이 인간을 학살하는 행위, 그것은 처벌할 수도 없고 용서할 수도 없는 근본악이다. 아렌트가 전체주의의 인종 청소와 대량 학살을 절대악으로 규정한다고 하더라도 그 죄를 오로지 아돌프 히틀러라는 악마와 괴물에게 묻는 것은 아니다. 히틀러를 악마로 몰면 몰수록, 이러한 악행을 저지른 전체주의 정권의 실체는 더욱더 불투명해지기 때문이다.

홀로코스트를 도무지 이해할 수 없는 사람은
히틀러를 악마와 괴물로 만든다.
이러한 접근방식은 왜 사람들이 저항 없이
그를 따랐는지를 설명하지 못한다.

히틀러와 나치즘의 홀로코스트가 근본악인 것은 그 악행이 한 사람의 사악한 독재자에 의해 저질러진 것이 아니기 때문일 것이다.

불가능한 것을 가능하게 만드는 이데올로기와 특정한 조직이나 체계가 결합할 때 정치적 악은 다시 등장할지도 모른다. 그렇기 때문에 한나 아렌트는 전체주의 정권의 죄와 책임을 한 사람에게 묻는 것을 몹시 경계한다. 히틀러가 문제가 아니라 그러한 괴물과 악마를 지도자로 떠오르게 만든 체계와 환경이 문제이며, 히틀러가 괴물이 아니라 그의 명령이 아무런 저항 없이 받아들여지도록 만든 선전과 조직이 더욱 사악한 것이다.

홀로코스트의 악행을 도무지 이해할 수 없는 사람은 히틀러를 악마와 괴물로 만든다. 어떤 철학자는 히틀러가 이른바 시간(屍姦)을 좋아하는, 즉 시체에 대한 변태성욕자라는 점을 밝혀내어 대량 학살을 설명하려고 했다. 이러한 접근방식은 왜 사람들이 아무런 저항 없이 따랐는지를 설명하지 못한다. 이런 맥락에서 한나 아렌트는 근본악이라는 개념을 이마누엘 칸트에게서 빌려오면서도 어떤 동기로 악을 설명하려는 그의 태도는 비판한다.

칸트에 의하면 자연은 악을 만들어내지 않는다. 오직 자유로운 인간만이 악을 만들 수 있다. 우리는 선택할 수 있기에 자유롭다. 칸트에 의하면 본성적으로 선한 것도 없고 악한 것도 없다. 우리가 어떤 행위를 할 때에는 행위의 규칙을 선택하는데, 이 경우 선택할 수 있는 능력을 독자적 자의라고 한다. 칸트에 의하면 행위의 규칙은 선할 수도 있고, 악할 수도 있다. 우리가 실제로 도덕적으로 선하게 태어난 것이 아니라 도덕적 법칙을 자유롭게 선택해서 자기 행위의 규칙으로 만든다면, 우리는 도덕적으로 선할 수 있는 것이다.

이런 관점에서 만약 우리가 도덕적 법칙을 따르지 않는 규칙을 선택한다면, 우리는 도덕적으로 악해질 수 있다. 우리가 악한 규칙을 선택하지 않는 한, 도덕적 악은 존재하지 않는다. 칸트는 이렇게 부도덕한 다른 이득을 위해 도덕법에서 나오는 이득을 무시하는 것을 도덕적 의지의 도착과 마음의 부패로 보았다. "이 악이 근본적인 것은 그것이 모든 준칙의 근본을 부패시키기 때문이며 동시에 자연적인 경향으로서 인간의 힘으로는 근절될 수 없기 때문이다. 악의 근절은 오직 선한 준칙을 통해서만 이루어질 수 있는데, 모든 준칙의 최고의 주관적 근거가 부패된 것으로 전제된다면, 악의 근절이 일어날 수 없다."[9]

칸트는 이처럼 '근본악(Das radikale Böse, Radical Evil)'을 자유의지의 부패와 동기의 도착으로 설명한다. 한나 아렌트는 칸트가 만들어낸 "근본악"이라는 단어로 적어도 이런 악의 존재를 짐작했던 유일한 철학자이지만, "도착된 사악한 의지라는 개념"[10]으로 악을 설명하려는 그의 시도는 실패했다고 진단한다. 히틀러의 전체주의 정권은 그 어떤 동기로도 설명할 수 없다고 다시 한 번 단언한다.

히틀러의 의지가 부패하여 자신의 성향을 도덕적 법칙에 따르도록 하기보다는 오히려 도덕법을 무시하고 자신의 성향을 절대화했기 때문에 홀로코스트의 절대악이 발생했다는 설명은 모든 척도를 무너뜨리는 전체주의의 무시무시한 현실을 간과한다. 한나 아렌트는 전체주의를 설명할 수 있는 어떤 개념과 범주도 생각해낼 수 없었다. 이러한 상황은 1946년 자신의 스승 카를 야스퍼스(Karl Jaspers)

와의 논쟁에서 다시 전개된다. 카를 야스퍼스는 자신의 저서 《죄의 문제(Die Schuldfrage)》에서 "형법적 죄", "정치적 죄", "도덕적 죄"와 "형이상학적 죄"를 세밀하게 구별함으로써 홀로코스트에 대해 모든 독일 국민이 집단적 책임이 있다는 가설을 반박하면서 동시에 이 무시무시한 사건을 설명하고자 노력한다.[11] 야스퍼스에 의하면 범죄적(형법적) 죄는 언제나 행위자인 개인의 죄이지 결코 민족의 죄가 아니다. 그러나 정치적 죄는 정치적 소속을 토대로 국민 전체의 집단적 책임이 될 수 있다는 것이다. 이에 대해 한나 아렌트는 나치즘의 인종 학살을 단순한 범죄로 규정하는 것은 홀로코스트를 대수롭지 않게 만드는 것이라고 반박한다. 아렌트는 1946년 8월 17일 야스퍼스에게 보낸 편지에서 이렇게 반박한다. "선생님께서 나치 정치를 범죄('형법적 죄')로 규정한 것은 내게는 문제입니다. 이 범죄는 법률적으로 파악할 수 없는 것처럼 보입니다. 바로 이 점이 그것의 괴물 같은 성격을 나타냅니다."[12]

이제까지의 모든 법과 도덕의 틀을 넘어서는 전체주의 정권의 대량 학살은 도덕적 판단을 딜레마에 빠뜨린다. 히틀러가 흉악한 괴물이라면 독일 국민은 책임이 없고, 독일 국민 전체에게 집단적 책임을 물으면 이 사건의 무시무시한 악마적 성격은 옅어진다. 한나 아렌트는 '근본악'과 '악의 평범성' 사이를 오가면서 이 전대미문의 범죄를 이해하고자 한다. 이러한 개념적 혼란과 모호성이 있긴 하지만 아렌트가 근본악을 규정하는 기준은 분명해 보인다. "우리는 근본악이 모든 인간이 똑같이 무용지물이 되는 시스템과 관련하여 출현했다고 말할 수 있다."[13] 이것이 악의 문제가 전후의 가장 근본적인 물음이 된 이유이다.

전체주의 정권은 대중이 이미 출현한 곳에서 발생한다.
만약 대중이 존재하지 않는다면 대중을 만들어낸다.

인간을 무용지물로 만드는 전체주의 정권은 어떻게 가능한가? 폭력과 공포의 규모로만 본다면 전체주의는 사실 쉽게 파악할 수 있는 정치적 현상이다. 우리는 전체주의를 단지 폭력과 공포가 가장 심한 정권으로 이해한다. 전체주의라는 낱말을 들으면 우리가 어렵지 않게 아돌프 히틀러와 이오시프 스탈린 같은 사람들을 떠올리는 것도 이 때문이다. 그렇지만 산업혁명과 프랑스혁명을 거쳐 계몽된 유럽과 소비에트에서 왜 수억 명의 사람이 홀로코스트를 받아들였는가는 쉽게 이해되지 않는다. 왜 수많은 사람이 전체주의 지도자들에게 순순히 복종하고 충성했으며 또 왜 아무런 저항도 없이 죽음의 공장으로 끌려갔는가는 쉽게 풀리지 않는 불가사의이다. 아렌트의 독창성은 이 물음에 답하려는 시도에 있다.

여기서 '대중(大衆)'과 '폭민(暴民)'은 이 불가사의를 풀 수 있는 키워드이다. 서양에서 사회의 대중화가 일어나지 않았다면, 히틀러나 스탈린 같은 폭압적인 지도자가 나타나더라도 쉽게 전체주의 사회가 출현하지는 않았을 것이다. 대중은 전체주의 운동의 자원이며 전제조건이고, 폭민은 전체주의 운동에 의해 휩쓸리고 조직되어 폭력을 분출할 경향이 있는 대중이다. 아렌트는 "전체주의 운동이 대중 사회의 비체계성보다 원자화되고 개인화된 대중의 특별한 조건에 더 의존한다."[14]는 점을 강조한다. 대중은 전형적인 전체주의 현상이다. 우리가 앞서 살펴본 것처럼 전체주의 국가의 특징은 대중의 고립, 협박, 선전, 세뇌, 교화와 공포의 체제이다. 이 체제는 비교적 건전한 정치적 결정을 할 수 있는 기존의 계급 또는 개인을 대중으로 만들어 전체주의 정권에 충성하도록 만든다.

그렇기 때문에 전체주의 정권은 대중이 이미 출현한 곳에서 발생하며, 만약 대중이 아직 존재하지 않는다면 대중을 만들어낸다. 개인들을 전통적 관계에서 분리시켜 서로 연대할 수 없도록 원자화하는 것이다. 아렌트는 민주주의가 뿌리를 내리지 못하고 전제정치의 전통이 뿌리 깊은 인도와 중국에서 전체주의 통치의 기회가 높다고 언급하면서 대중의 필요성을 강조한다. "권력을 축적하고 인명을 살상하는 전체주의 지배 장치가 작동할 수 있을 정도로 무진장한 자원이 있으며, 이곳 대중은 사람들이 불필요할 정도로 남아돈다는 느낌을 여러 세기 동안 가지고 있었고, 그것이 인명 멸시로 나타났다."[15] 여기서 우리는 사람들이 남아돌아 무용지물이 된다는 말에 주목할 필요가 있다. 전체주의는 잔학한 통치 방법을 넘어서 사람들을 무용지물로 만드는 체제이다. 대중이 출현했다고 해서 반드시 전체주의 정권이 발생하는 것은 아니지만, 대중이 인간을 쓸모없게 만드는 잉여화의 기제와 결합할 때 전체주의적 경향이 싹튼다는 아렌트의 인식은 여전히 타당하다. 대중이라는 용어가 군중, 민중, 다중이라는 다른 용어들과 뒤섞여 고리타분해질수록 전체주의적 경향은 무리가 인식할 수 없을 정도로 불투명해질 수 있다.

첫째, 대중은 무정형이며 외부의 자극에 쉽게 흔들린다. 대중은 공통적인 정체성이나 공유된 경제적 이해관계에 의해 통합되지 않고 피상적인 수사학이나 공허한 열정에 의해 움직인다. 한나 아렌트는 대중을 이렇게 간단히 정의한다. "단순히 수가 많거나 공공 업무에 관한 무관심 때문에, 아니면 이 둘 다의 이유로 인해 정당이나 자치 정부, 전문 조직 또는 노동조합처럼 공동관심에 기초한 조직으로 통합될 수 없는 사람들을 상대할 때에만 '대중'이라는 용어는 적용된다."[16] 이런 점에서 대중은 전통적인 계급과 확연히 구별된다. 계급은 대체로 사회적으로 구성된다. 신분처럼 사회적 출신에 의해 계급이 결정되지는 않는다고 하더라도 우리는 항상 특정한 계급에 속해 있다. 부르주아와 프롤레타리아 같은 카를 마르크스의 개념처럼 대립적 계급은 설령 아니라고 하더라도 우리가 상류층, 중산층, 서민층과 같은 사회적 계급에 속해 있다는 사실을 부인할 수는 없다. 이러한 계급적 소속 의식이 우리의 정치적 성향을 결정하기도 한다.

아렌트는 이러한 계급과 계급의식이 무너질 때 비로소 대중이 출현했다고 진단한다. "계급이라는 보호 장벽의 붕괴는 정당을 지지하던 다수―성난 개인들로 구성되었지만 조직되지 않고 분화되지 않은―를 하나의 거대한 대중으로 변형시켰다."[17] 우리가 어느 계급에도 속하지 않는다는 것은 우리가 속하고 싶은 계급에서 배제되었

2. 무엇이 우리를 쓸모없는 존재로 만드는가?

다는 의미이다. 과거에는 중산층에 속한다고 자부했던 사람들이 지금은 하류층에 속한다고 느낀다면, 사회의 중심이 되는 중산층에서 배제되었다는 느낌은 사람들을 사회 자체에 분노하는 대중으로 만들 수 있다.

둘째, 대중은 수적으로는 거대하지만 본질적으로는 모두 고립되어 있다. 전체주의 사회는 원자화된 개인들의 거대한 집단을 만들어 낸다. 만약 사회가 다양한 계급으로 분화되어 있을 뿐만 아니라 그 계급에 속한 개인들이 다양한 정체성을 갖고 있다면, 절대적 충성을 요구하는 전체주의 정권은 쉽게 작동할 수 없다. 정권에 대한 절대적 충성을 요구하는 방법은 사람들을 서로 고립되어 있는 대중으로 만드는 방법뿐이다. "그러한 충성심은 완전히 고립된 인간에게서만 기대할 수 있다. 그런 사람은 가족이나 친구, 동료와는 사회적 유대 관계도 없고, 심지어 단순히 아는 사람도 없이 단지 운동에 속해 있다는 사실과 당원 자격에서 사회적 존재의 의식, 즉 이 세상에 자기 자리가 있다는 의식을 이끌어낸다."[18] 이러한 소속감은 결코 진정한 사회적 정체성을 만들지 못한다. 대중적 인간은 근본적으로 단지 하나의 숫자로 존재하고 거대한 운동의 톱니바퀴로서만 일하는 익명성을 동경하기 때문이다.

셋째, 어떤 계급에도 속하지 않겠다는 대중은 본질적으로 폭력적 성향을 갖는다. 그 어떤 정치적 관심도 없는 비정치적 대중이 정치화될 때 나타나는 것이 '폭민(mob)'이다. 한나 아렌트는 대중과 폭민을 엄격하게 구별하지는 않는다. 대중은 계급사회 자체의 붕괴로 인

폴란드에서 홀로코스트를 저지르는 독일 특수부대

"절대악은 이기심, 탐욕, 시기, 적개심,
권력욕이나 비겁함 같은 사악한 동기로
이해할 수도 없고 설명할 수도 없다."

- 《전체주의의 기원 2》 중에서

해 출현했기 때문에 모든 계급적 잔재를 대변하지만, 폭민은 부르주아 계급의 붕괴와 자본주의의 부산물로 나타난다. 다시 말해 대중은 지배계급의 기준과 태도를 계승하지 않지만, 폭민은 자신이 한때 속했다고 생각하는 지배계급의 기준과 태도를 변질된 형태로 계승한다. 이런 점에서 보면 한때는 중산층이었다고 생각하는 사람들이 이 계층에서 배제되었다고 느낄 때 훨씬 더 폭력적인 성향을 보일 수 있다. 이런 차이가 있지만 대중과 폭민은 "기존의 모든 기준에 대한 혐오"[19]를 공유하며, 운동을 위해서는 무엇이든 희생하겠다는 그들의 소망은 폭력으로 변질된다. "악과 범죄가 폭민에게 매력적이라는 사실은 전혀 새로운 것이 아니다. 폭민이 '비열할지는 모르지만 매우 영리한 일이다'라는 찬양의 말로 폭력 행위를 환영하는 것은 항상 사실이었다."[20]

우리가 어떤 계급과 공동체에도 속할 수 없다는 것은 폭력적인 일이다. 사회의 양극화로 인해 우리 사회는 다양한 잉여적 존재를 만들어내고 있다. 사회가 양극화된다는 것은 계급이 무의미해진다는 의미이다. 이러한 상황에서 직업과 사회생활에 실패한 사람들은 처음에는 자신의 삶과 생존만 최고의 가치로 생각한다. 그렇지만 사생활을 보호하는 데만 정신이 팔린 사람들의 사생활보다 더 파괴하기 쉬운 것은 없다고 한다. 이들은 결국 평범한 삶으로 돌아가기 싫다는 소망을 전체주의 운동에 헌신함으로써 실현하려고 한다. 그들은 전체를 위해 기꺼이 자신의 삶을 희생할 수 있는 비이기적 대중이 되는 것이다. 이들이 정치화되면 과연 어떤 사회가 될 것인가? "진짜 대중적 인간이 정권을 잡으면 어떤 일이 일어날지 우리는 아직 알지 못한다."[21]

전체주의는 예측할 수 없는 것을 예측할 수 있게 만듦으로써
인간의 자유와 자발성을 파괴한다.
이를 위해 한 사람이 절대 권력을 가져야 하며,
그때 비로소 전체주의는 시작한다.

대중의 출현과 함께 싹트기 시작한 전체주의적 경향은 '인간의 잉여화'를 추구한다. 전체주의 정권이 사라진 지금도 우리가 전체주의적 경향을 경계해야 하는 이유가 여기에 있다. 한나 아렌트가 《전체주의의 기원》 제3부 "전체주의"의 첫 번째 장인 "계급 없는 사회"를 대중에 관한 고찰로 시작하는 것은 우연이 아니다. 이곳에서 아렌트는 전체주의 지도자들의 명성에서 드러나는 가장 큰 특징이 "그들이 놀랍게도 빨리 잊히며 또 놀랍게도 쉽게 대체될 수 있다는 점"[22]이라고 강조한다. 우리는 어쩌면 광포한 전체주의 지도자들을 기억에서 지워버리면서 여전히 잠재하고 있는 전체주의적 경향을 가볍게 여기고 있는 것인지도 모른다.

아렌트는 전체주의를 추적하면서 잉여화의 경향을 날카롭게 밝혀낸다. 아렌트는 《전체주의의 기원》을 완성하고 그 첫판을 카를 야스퍼스에게 생일선물로 보낸다. 야스퍼스는 이 책의 진가를 금방 알아

보았다. 야스퍼스는 훗날 이 책의 독일어판 서문에서 아렌트가 "나치즘과 볼셰비즘에서 폭정과 전제정치를 넘어서는 전적으로 새로운 것"[23]을 인식했다고 말한다. 무엇이 새로운 것인가? 우리는 1951년 아렌트가 야스퍼스와 주고받은 편지에서 이에 대한 실마리를 찾을 수 있다.

악은 예견했던 것보다 훨씬 더 근본적인 것으로 증명되었습니다. 현대의 범죄는 모세의 십계명에 예견되지 않았습니다. 아니면, 서양의 전통은 인간이 행할 수 있는 최대의 악이 이기심의 악덕에서 생겨날 수 있다는 편견에 고통을 당하고 있습니다. 그렇지만 우리는 최대의 악과 근본악이 인간적으로 이해할 수 있는 죄의 모티브와는 아무런 상관이 없다는 것을 알고 있습니다. 나는 근본악이 실제로 무엇인지 알지 못합니다. 그렇지만 그것은 어떻든 다음의 현상과 관계가 있는 것처럼 보입니다. 인간을 남아도는 존재로 만드는 잉여화. 그것은 인간을 수단으로 이용하는 것만이 아닙니다. 인간의 수단화는 존재는 건드리지 않고 오직 인간의 존엄만 해치지만, 인간의 잉여화는 인간을 남아돌아 쓸모없는 존재로 만드는 것입니다. 이러한 일은―사람에게서는 자발성에 상응하는―모든 예측 불가능성을 제거하자마자 일어납니다.[24]

아렌트는 전체주의가 인간 자유의 출발점인 자발성을 제거한다고 말한다. 인간이 인간다운 것은 그가 행하는 행위와 그 결과를 예측할 수 없기 때문이다. 한 개인의 행위도 예측할 수 없다면 하물며 다양한 사람과의 관계 속에서 이루어지는 행위를 어떻게 예측할 수 있겠는가? 정치적 행위는 바로 이와 같은 인간 행위의 예측 불가능성과 밀접한 관련이 있다. 전체주의는 근본적으로 예측할 수 없는 것을 예측할 수 있게 만듦으로써 인간의 자유와 자발성을 파괴한다. 이를 위해서는 한 사람이 절대 권력을 가져야 한다. 권력이 여러 사람에게 분산되어 있을 때에는 이러한 유혹이 힘을 발휘하지 못한다. 복수의 인간이 아닌 단 한 사람이 절대 권력을 가질 때 비로소 전체주의는 시작한다.

권리를 박탈당한 자들에게 닥친 곤경은
법 앞에서 평등하지 않다는 점이 아니라
그들을 위한 어떤 법도 존재하지 않는다는 점이다.

이런 점에서 아렌트의 근본악은 다음과 같은 명제로 명료하게 서술될 수 있다.

1. 근본악은 인간의 잉여화를 추구한다.
2. 인간의 잉여화는 인간의 자발성과 예측 불가능성이 제거될 때 일어난다.
3. 이러한 전능의 망상은 인간의 복수성과 다원성을 파괴한다.

이런 관점에서 보면 나치즘이 저지른 홀로코스트는 결코 인간의 죄와 이기심으로 설명할 수 없다. 아렌트는 이들이 추구한 권력이 토머스 홉스와 프리드리히 니체가 말하는 권력을 향한 의지와도 사실 아무런 상관이 없다고 생각한다. 권력을 향한 의지는 근본적으로 다수의 권력 주체를 전제하며, 상대보다 더 커다란 힘과 권력을 갖고자 한다는 점에서 상대적이라는 것이다. 이에 반해 전체주의 정권의 절대 권력은 그 어떤 다원성과 복수성도 인정하지 않는다는 점에서 전통적인 개념으로 설명될 수 없다.

이러한 인식이 우리에게 던지는 메시지는 분명하다. 우리를 잉여의 존재로 만드는 것은 도대체 무엇인가? 우리가 이러한 질문을 던지지 않는다면, 전체주의는 언제 어디에서 우리에게 유혹의 손길을 뻗칠지 모른다. 한나 아렌트가 말하는 것처럼 나치 정권에 의해 권리를 박탈당한 자들의 재앙은 그들이 생명과 자유, 행복을 추구할 권리, 법 앞에서의 평등과 사상의 자유를 박탈당했다는 사실이 아닐지도 모른다. 이러한 권리들은 모두 주어진 공동체에서 특정한 문제를 해결하기 위해 필요한 것들이다. 그들에게 닥친 곤경은 법 앞에서 평등하지 않다는 사실이 아니라 그들을 위한 어떤 법도 존재하지 않는다는 것이다. 간단히 말해 그들은 어떤 공동체에도 속하지 않은 필요 없는 존재가 되었다는 것이다. 이것이 그들이 직면하고 있는 근본악이다.

우리의 사회가 아무리 부패하고 불의로 가득 차 있다고 하더라도 자발적으로 행위를 할 수 있다면, 우리는 사회를 바꿀 수 있다는 희망을 가질 수 있다. 그렇지만 우리가 자신의 삶을 새롭게 시작할 수 있는 근본 능력을 빼앗긴다면 우리는 인간성 자체를 잃어버리는 근본악에 직면하게 된다. 자유를 추구하는 인간의 본성 자체가 위험에 처하기 때문이다. 그렇지만 전체주의가 아무리 커다란 위험과 유혹으로 존재할지라도 우리가 지구상에서 사는 한 다수의 다른 사람과 더불어 살 수밖에 없다는 인간 조건은 파괴할 수 없다면, 우리에게는 언제나 마지막 희망이 있다. 언제든지 새롭게 시작할 수 있다는 희망이.

역사에서 모든 종말은 반드시 새로운 시작을 포함하고 있다는 진리는 그대로 유효하다. 이 시작은 끝이 줄 수 있는 약속이며 유일한 '메시지'이다. 시작은, 그것이 역사적 사건이 되기 전에 인간이 가진 최상의 능력이다. 정치적으로 시작은 인간의 자유와 동일한 것이다. '시작이 있기 위해 인간이 창조되었다'고 아우구스티누스는 말했다. 새로운 탄생이 이 시작을 보장한다. 실제로 모든 인간이 시작이다.[25]

정치의 의미는 자유이다.

The meaning of politics is freedom.

우리의 자유는 다른 사람들과 '함께할' 때만 실현할 수 있다.

3
괴물 같은 악을 저지른 자는 왜 괴물이 아닌가?

아이히만이 악마가 아니라면 어떻게 그런 만행을 저지를 수 있단 말인가? 이 질문을 통해 아렌트는 '악의 평범성'을 이야기한다.

사고가 악을 다루는 순간, 사고는 좌절한다. 거기에는 아무것도 없기 때문이다.

The moment it concerns itself with evil, it is frustrated because there is nothing.

Amor mundi

아렌트가 가장 어두운 시대를 경험했으면서도 세계는 변할 수 있다는 희망을 잊지 않은 이유는 무엇일까?

"여러 해 전 예루살렘에서 있었던 아이히만의 재판에 대해 보고하면서 나는 '악의 평범성(banality of evil)'에 대해 언급했는데, 이는 어떠한 이론이나 사상을 의도한 것이 아니라 단지 아주 사실적인 어떤 것, 엄청난 규모로 자행된 악행의 현상을 나타내려고 한 것이었다. 이 악행은 악행자의 특정한 약점이나 병리학적 측면 또는 이데올로기적 확신으로 그 근원을 따질 수 없는 것으로, 그 악행자의 유일한 인격적 특징은 아마도 특별한 정도의 천박성이라고 할 수 있을 것이다. 그 행위가 아무리 괴물 같다고 해도 그 행위자는 괴물 같지도 또 악마적이지도 않았다."[1]

> 지극히 평범한 사람들의 행위가 만든 시스템이
>
> 우리의 정치적 삶을 파괴한다면
>
> 어떻게 이 악에 대처할 수 있을까?
>
> 이런 상황에서 많은 사람이 아렌트의 '악의 평범성'에 주목한다.

　어떤 평범함은 그것이 일반화되고 일상화될 때 우리 인간 속에 존재하고 있는 그 어떤 악보다 커다란 파멸을 가져올 수 있다. 부정과 부패, 불의, 폭압과 압제와 같은 정치적 악을 자행하는 독재자들이 아무리 괴물이나 악마처럼 보여도 우리가 맞서 싸울 대상이 분명하면, 그 결과는 참혹하지 않을 수 있다. 괴물을 제거하고 정권이 바뀌면 세상이 좋아질 것이라는 희망이 있기 때문이다. 만약 우리의 정치적 적이 뚜렷하지 않다면 상황은 어떻게 될까? 우리의 정치적 삶을 총체적으로 파괴하는 것이 한 명 또는 몇몇 괴물이 아니라 지극히 평범한 사람들의 행위가 서로 얽혀 만들어진 어떤 시스템이라면,

우리는 어떻게 이 악에 대처할 수 있을까? 이 문제는 '악의 평범성'이라는 한나 아렌트의 매우 도전적인 주제로 우리를 이끈다.

2016~2017년 촛불혁명을 불러온 것은 결코 절대 권력을 가진 독재자가 아니었다. 우리가 촛불을 들고 광장으로 나가 '이것이 나라냐!'라고 외치게 만든 것은 폭정에 대한 분노이기보다는 국가의 시스템을 망가뜨린 외눈박이 보수 정권의 멍청함과 어리석음에 대한 실망이었다. 독재자의 딸은 아버지보다 더 독재적이지는 않았지만, 그 어리석음으로 정권을 사유화하고 국가의 근간을 뒤흔들어놓았다. 국가 중심적 경제성장 정책을 통해 성장하고 효율성을 입증한 거대한 관료체제는 단순히 지도자의 명령과 지시를 수행하는 행정기계로 전락한 것이다. 정치가 사라지고 통치만 있는 위기의 상황이 광포한 독재자가 아니라 지도자의 어리석음 때문이라는 슬픈 진실이 우리를 거리로 이끈 것이 아닐까?

이런 상황에서 많은 사람이 아렌트의 '악의 평범성'에 주목한 것은 전혀 이상한 일이 아니다. 우리가 어떤 사상가에게 매료되는 것은 종종 그의 사상 때문이기보다는 단 한 마디의 어휘와 개념 때문일 때가 있다. '이성의 간계', '권력을 향한 의지', '희망의 원칙' 같은 개념들처럼 '악의 평범성'은 우리의 지성과 상상력을 자극한다. 아렌트가 위대한 사상가임은 어쩌면 이러한 도전적이고 압축적이고 포괄적인 개념을 만드는 능력으로 입증될지도 모른다. 아무튼, 악의 평범성은 전체주의를 온몸으로 경험한 한나 아렌트가 평생 사유한 사태를 대변한다.

문제는 도전적이지만, 선정적인 개념들은 바로 그 때문에 오해되고 고리타분해질 수 있다는 것이다. 한나 아렌트가 "악의 평범성에 대한 보고서"라는 부제를 달고 있는 《예루살렘의 아이히만(Eichmann in Jerusalem)》을 출간한 이래 수많은 논쟁을 일으켰을 뿐만 아니라 이 과정에서 '악의 평범성'이라는 개념 자체가 평범해졌을 정도로 사람들의 입에 자주 오르내렸다. 평범해지고 고리타분해진다는 것은 이미 그 개념이 오해되었음을 의미한다.

아렌트를 비판하는 사람들은 그녀가 홀로코스트에 책임이 있는 나치 전범 오토 아돌프 아이히만을 "최종 해결책이라는 기계에서 단지 하나의 작은 톱니바퀴"[2]로 묘사하거나—아렌트의 의도와 생각을 더 심하게 오해하는 것이지만—아이히만의 행위가 평범했다고 서술함으로써 아이히만의 책임을 벗겨주거나 줄여주었다고 생각한다. 반면, 아렌트를 옹호하는 사람들은 그녀가 평범한 사람들인 우리도 모두 악을 저지를 수 있는 "우리 각자의 안의 아이히만"[3] 같은 것이 있다고 말했다고 생각한다. 두 가지 시각은 모두 악의 평범성을 근본적으로 오해한다. 이러한 오해와 왜곡을 거치면서 닳고 닳은 이 개념은 이제 여전히 매력적이고 거창하기는 하지만 그 실체와 의미를 판독할 수 없는 상형문자가 되었다. 많은 사람은 이 단어를 입에 올리는 것만으로 그 단어가 지칭하는 사태를 이해했다고 생각하는 경향이 있다.

악은 '사고를 허용하지 않기' 때문에 평범하다.
사고할 능력이 없음이 악을 불러온다.
이것이 행위가 비록 괴물 같기는 하지만
행위자는 결코 괴물이 아니라는 사실에 대한 아렌트의 해석이다.

그렇지만 오늘날에는 지극히 당연한 것으로 받아들여지는 '악의 평범성'은 여전히 논란의 대상이다. 아이히만 재판에 관한 5회에 걸친 보고서의 첫 회분이 1963년 2월 16일 발표되자마자 '악의 평범성'이라는 개념은 곧바로 지적 논란을 불러일으켰다. 《전체주의의 기원》에서 나치의 만행을 "근본악" 또는 "절대악"으로 규정한 아렌트가 아이히만은 죄가 없다고 주장하는 듯한 이 개념을 사용한 것에 많은 지성인은, 특히 유대인 지성인들은 충격을 받는다. 독일에서 이스라엘로 망명한 유대인 철학자이며 역사학자인 게르숌 게르하르트 숄렘(Gershom Gerhard Scholem)은 아렌트에게 보낸 편지에서 그녀를 신랄하게 비난한다. 아이히만보다는 유대인위원회에 책임을 돌리는 것 같은 그녀의 태도는 한마디로 "악의적이고", "건방지고", "경솔하고", "무감각하다"는 것이다. 숄렘은 '악의 평범성'에 관한 아렌트의 논지가 전혀 설득력이 없다면서 그것은 단지 "표어"나 "유행어"의 느낌을 줄 뿐이라고 강하게 비난한다.[4] 악의 평범성은 논리적 설득력이 전혀 없으며 지극히 선정적인 슬로건일 뿐이라는 것이다.

이에 대해 아렌트는 다음과 같이 답장을 한다.

결론적으로, 당신이 나를 오해한 유일한 문제 또 기쁘게도 당신이 요점을 제기한 유일한 문제를 말하고자 합니다. 당신은 전적으로 옳습니다. 나는 나의 생각을 바꿔서 더는 '근본악'을 말하지 않습니다. …… 악은 결코 '근본적이지' 않고, 오직 극단적일 뿐이며 또 악은 그 어떤 깊이도 없고 어떤 악마적 차원도 갖고 있지 않다는 것이 정말 나의 견해입니다. 악은 표면 위의 곰팡이처럼 퍼지기 때문에 무성하게 자라서 전체 세계를 초토화합니다. 악은, 내가 말한 것처럼, '사고를 허용하지 않습니다'. 사고는 어느 정도의 깊이에 도달하려 하고, 뿌리에 이르려고 하기 때문입니다. 사고가 악을 다루는 순간, 사고는 좌절합니다. 거기에는 아무것도 없기 때문입니다. 그것이 악의 '평범성'입니다.[5]

사실 생각이 바뀌어 '근본악' 대신 '악의 평범성'을 이야기한다는 아렌트의 말은 오해의 여지가 있다. 아렌트는 정치적 정권이 정치적 행위의 출발점이라고 할 수 있는 인간의 개성과 자발성 그리고 다원성을 제거함으로써 인간을 인간으로서 쓸모없게 만든다는 근본악의 명제를 포기한 것은 아니기 때문이다. 어떻게 이런 일이 일어날 수 있는가를 이해하는 과정에서 아렌트는 '악의 평범성'으로 묘사되는 현상과 부딪힌 것이다. 물론 아렌트는 이러한 악이 "깊이와 악마적 차원을 갖고 있다는 점"을 부정한다. 아렌트가 근본악과 절대악을 이야기할 때도 사실 악의 악마적 성격은 부정했다. 홀로코스트가 모든 범죄적 책임의 문제를 넘어선다는 아렌트의 생각은 필연적으로

3. 괴물 같은 악을 저지른 자는 왜 괴물이 아닌가?

악의 악마적 성격을 연상시킨다고 말하면서 "사태를 그것이 갖고 있는 전적인 평범성의 차원에서 파악해야 한다."고 제안한다. "박테리아는 나라를 전멸시킬 수 있는 전염병을 불러올 수 있지만, 여전히 한낱 박테리아일 뿐"[6]이라는 것이다. 아렌트는 카를 야스퍼스의 이러한 제안을 받아들인 것처럼 보인다.

아렌트의 이러한 변화는 우리에게 궁금증을 불러일으킨다. 왜 아렌트는 유대인 지성계의 강렬한 비난과 한스 요나스(Hans Jonas) 같은 오랜 친구와의 절교를 감수하면서까지 '악의 평범성'이라는 용어를 포기하지 않은 것일까? 아렌트는 왜 도저히 용서할 수 없고 처벌할 수도 없는 홀로코스트의 절대악을 인정하면서도 동시에 악의 평범성을 이야기하는 것일까? 이러한 물음에 진지하게 답하지 않는다면, '악의 평범성'은 지적 대화를 위해 유용할지는 모르지만 얕고 고리타분하기 짝이 없는 슬로건에 머무를 것이다.

우리는 여기서 악은 극단적이지만 결코 근본적이지 않다는 아렌트의 말을 이해해야 한다. 히틀러의 나치 정권과 아이히만이 저지른 홀로코스트의 만행은 도저히 말도 안 되는 괴물 같은 일이다. 행위는 악마적이지만, 행위의 동기는 악마적이지 않을 수 있다. 우리가 거리에서 마주칠 수 있을 정도로 지극히 평범할 뿐만 아니라 훌륭한 사회의 일원일 수도 있는 보통 사람들의 어리석음이 이상하게 결합할 때 무시무시한 악을 만들어낼 수 있다. 아렌트가 예루살렘의 법정에서 지켜본 아이히만은 괴물이나 악마이기는커녕 악한도 아니었다.

아렌트는 재판 과정을 지켜보면서 아이히만이 악마적인 동기나

의도도 없이 악마적인 행위를 저질렀다는 결론에 도달한다. 악은 근본적이지 않다는 아렌트의 말은 바로 이 점을 지적한 것이다. 악이 뿌리는커녕 깊이도 없다는 것이다. 악은 깊이에 있는 것이 아니라 표면에 있다. 한나 아렌트는 아이히만 재판의 보고서를 마무리하면서 이렇게 말한다. "이는 마치 이 마지막 순간에 그가 인간의 연약함 속에서 이루어진 이 오랜 과정이 우리에게 가르쳐준 교훈을 요약하고 있는 듯했다. 두려운 교훈, 즉 말과 사고를 허용하지 않는 악의 평범성을."[7]

아렌트가 이 개념을 유일하게 사용한 《예루살렘의 아이히만》의 이 마지막 문장은 이미 '악의 평범성'의 성격을 말해준다. 악은 "사고를 허용하지 않기(thought-defying)" 때문에 평범하다. 사고할 능력이 없음이 결국 악을 불러온다는 것이다. 이것이 행위가 비록 괴물 같기는 하지만 행위자는 결코 괴물이지도 악마이지도 않다는 믿기지 않는 사실에 대한 아렌트의 해석이었다. 이러한 인식이 악마적 행위를 저지른 사람들의 죄와 책임을 줄여주거나 벗겨주는 것은 결코 아니다. 이것은 책임의 문제가 아니다. 어떤 사람이 절대적 힘을 갖고 있는 지도자의 명령을 받고 악한 행위를 저질렀다면, 이 행위를 지시한 사람뿐만 아니라 수행한 사람도 책임을 져야 한다는 것은 논란의 여지가 없기 때문이다. 우리는 오히려 질문의 방향을 바꿔야 한다. 그들은 왜 자신들의 행위가 옳지 않다는 것을 알면서도 아무런 양심의 가책 없이 그런 일을 저지른 것인가?

**도대체 무엇이 아이히만을
대량 학살이라는 거대한 기계의 톱니바퀴로 만들었는가?
'악의 평범성'은 이 물음에 대한 답이다.**

　예루살렘의 법정에 서서 악의 평범성의 주인공이 된 오토 아돌프 아이히만은 결코 괴물이 아니었다. 그는 누가 보더라도 독일의 전형적인 하위 중산층에 속하는 지극히 평범한 인물이었다. 물론 사람들은 그가 저지른 범죄를 보고 괴물을 기대했다. 아이히만은 나치 친위대 중령으로서 나치 친위대 중장인 라인하르트 하이드리히(Reinhard Heydrich)의 명령을 받고 유럽 전역에서 유대인들을 강제수용소로 이주시키는 임무에 전적으로 관여한 인물이다. 그는 독일이 패망한 이후 1950년까지 오스트리아로 도망갔다가 1960년 5월 11일 이스라엘의 비밀경찰에게 체포될 때까지 아르헨티나 부에노스아이레스 교외에서 가명으로 숨어 살았다. 아이히만은 1961년 4월 11일 유대인에 대한 범죄와 인류에 대한 범죄 등으로 기소되어 1961년 12월 15일 사형이 선고되고, 1962년 6월 1일 사형이 집행되었다. 설령 아이히만이 최종 해결책을 지시한 당사자도 아니고 유대인을 직접 죽이지는 않았다고 할지라도, 아렌트는 그가 대량 학살에 전적으로 관여한 죄로 사형을 선고받은 것은 정당하다고 말한다.

　전체주의 정권에 의해 체계적이고 과학적으로 이루어진 대량 학살은 그 자체가 용서할 수 없는 범죄이다. 문제는 이러한 범죄의 책임을 의도와 동기가 분명한 특정한 사람에게만 물을 수 없다는 것이다. 왜냐하면 나치의 대량 학살은 복합적인 체계 속에서 수많은 사람이 최종 해결의 입안자, 기획자, 실행자 등의 다양한 방식으로 다양한 차원에서 이루어졌기 때문이다. 그러므로 이러한 범죄에 대한 책임은 단순히 전통적 의미의 동기와 의도만으로는 설명될 수 없다.

이러한 범죄들이 희생자의 수의 측면에서뿐만 아니라 범죄에 개입한 사람들의 숫자의 측면에서도 집단적으로 이루어졌기 때문에, 이 수많은 범죄자 가운데 희생자들을 실제로 죽인 것에서 얼마나 가까이 또는 멀리 있었던가 하는 것은, 그의 책임의 기준과 관련된 한에서는 아무런 의미가 없다. 그와 반대로, 일반적으로 살상 도구를 자신의 손으로 사용한 사람에게서 멀리 떨어져 있을수록 책임의 정도는 증가한다.[8]

재판을 통해서도 아이히만이 직접 자기 손으로 유대인을 죽였다는 사실이 증명되지는 않았다. 사람들은 아이히만을 유대인에 대한 적대감을 가진 가학적 괴물로 묘사하고 싶었지만, 한나 아렌트는 이러한 시도에 회의적이었다. 그는 가학적이지도 않았고 도착적이지도 않았다. 그는 놀라울 정도로 평범했다.

만약 우리가 이러한 아렌트의 인식과 평가에 동의한다면, 우리는 이렇게 질문하지 않을 수 없다. 도대체 무엇이 오토 아돌프 아이히만을 대량 학살이라는 거대한 기계의 톱니바퀴로 만든 것인가? 어떤 사람이 악을 저지르는 정치적 체제의 단순한 톱니바퀴에 불과하다는 점을 설령 인정한다고 하더라도, 우리는 한나 아렌트와 함께 여전히 이렇게 물어야 한다. "왜 당신은 그러한 상황에서 톱니가 되었고 계속해서 하나의 바퀴인 것입니까?"[9] '악의 평범성'은 사실 이 물음에 대한 답이다. 우리가 아이히만과 같이 되면 설령 우리의 의도는 아니라고 할지라도 악의 체제의 톱니바퀴가 될 수 있다는 것이다. 그렇다면 아이히만과 같이 된다는 것은 무엇을 말하는가?

아이히만이 법정에 섰을 때 그가 선택한 전략은 사실 '톱니바퀴 이론'이었다. 그는 처음부터 무죄를 주장했다. 그는 나치 법률 체계에서는 아무런 죄를 짓지 않았을 뿐만 아니라 설령 죄를 지었다고 하더라도 자신은 명령을 성실히 수행했을 뿐이라고 강변한다. 아이히만은 이렇게 말한다. "유대인을 죽이는 일에 나는 아무런 관계도 없다. 나는 유대인이나 비유대인을 결코 죽인 적이 없다. 이 문제에 대해 말하자면 나는 어떠한 인간도 죽인 적이 없다. 나는 유대인이든 비유대인이든 죽이라는 명령을 내린 적이 없다." 이렇게 강변하면서 아이히만은 대량 학살과 관련해 "그 일은 그냥 일어났던 일이다."[10]라고 덧붙인다. 사람을 죽인 일도 없고 죽일 의도도 없는데 어떻게 대량 학살이 일어난 것일까?

아이히만은 결코 도덕적으로 타락한 인물이 아니다. 그는 평범한 사람들이 갖고 있는 일반적인 도덕감을 갖고 있었다. 그는 의무를 준수해야 한다는 것도 알고 있고, 양심에 대해서도 알고 있으며, 칸트의 도덕적 정언명법에 관해서도 정확히 알고 있었다. 아이히만은 "그의 양심에 대해 자신이 명령받은 일을 하지 않았다면 양심의 가책을 받았을 거라는 점을 완전히 기억하고 있었다."[11] 이런 맥락에서 아이히만은 칸트의 정언명법을 왜곡한다. 나의 의지의 원칙이 항상 일반적 법의 원칙이 될 수 있도록 해야 한다는 말은 이제 "만일 총통이 당신의 행위를 안다면 승인할 그러한 방식으로 행위 하라."[12]는 식으로 바뀌는 것이다. 이런 체제에서 사람들은 살인이 정상적인 성향과 욕구에 반한다는 것을 아주 잘 알고 있다고 하더라도, 살인의 명령을 따르는 것이 양심에 부합한다고 믿는다. 양심이 왜곡되고 부패한 것이다.

아이히만의 관심은 오로지 명령을 잘 수행함으로써 직업적으로 성공하는 데 있었다. 그가 1932년 나치당에 가입해 친위대에 들어간 것도 정치적 신념 때문이 아니었다. 그는 당의 정강도 몰랐고 히틀러의 《나의 투쟁(Mein Kampf)》도 읽지 않았다. 린츠의 변호사 에른스트 칼텐브루너(Ernst Kaltenbrunner)의 권유에 따라 그냥 그렇게 된 것이었다. 아이히만이 유대인의 강제이주를 맡았을 때는 그 일을 성실히 수행했고, 집단수용소의 관리를 맡았을 때는 그 일을 매우 효율적으로 수행했다. 그는 지시되고 명령된 일을 '아무런 생각 없이' 효과적으로 수행하는 유대인 전문가였다.

그렇다면 천박한 출세주의와 체제 순응주의 같은 평범한 모티브들은 아이히만처럼 사람들을 사고할 수 없도록 만드는 것인가? 아렌트는 아이히만이 아무런 주저 없이 대량 학살에 관여하는 순간을 매우 인상적으로 서술한다. 1941년 7월 31일 친위대 중장 하이드리히에게서 유대인의 전멸이 공식 정책이 되었다는 통보를 받고 나서 한 달 동안 아이히만은 폴란드에 있는 죽음의 수용소 현장에 있었다. 그는 여자들과 아이들에게 총을 갈겨대는 현장과 구덩이에 시체가 가득 찬 광경을 목격했다. 그는 대량 학살에 혐오감을 느끼고, 잠을 잘 수도 없으며, 악몽을 꾸었으며, "이것이 그가 평생 보아온 것 중 가장 끔찍한 것이었다."고[13] 말한다. 그렇지만 이 시기가 지난 후 혐오감은 사라지고, 그는 다시 자신의 의무를 양심적으로 수행한다. "아이히만이 최종 해결책을 정말로 최종이 되도록 만들기 위해서 항상 최선을 다했다는 사실은 이론의 여지가 없었다."[14]

아이히만이 명령을 제대로 수행하지 않으면 총살형을 받을 위험이 있는 것도 아니었다. 그래도 그는 아무런 생각 없이 명령을 충실히 수행했다. 그는 이제 자신이 얼마나 끔찍한 일을 하고 있는지 묻는 대신, 나의 의무를 이행하는 가운데 얼마나 끔찍한 일을 목격해야만 하는지를 말하게 된 것이다. 그는 자신이 무슨 일을 하고 있는지 알지 못한 것이다. 문제는 이것이 아이히만에게만 해당하지 않는다는 사실이다. 아이히만이 말한 것처럼 자신의 양심을 무마시킨 것은 실제로 최종 해결책에 반대한 사람을 단 한 명도 볼 수가 없었다는 사실이다. 아이히만은 나치 정권 아래에서 예외가 아니었다는 점에서 지극히 정상이었다.

아이히만은 괴물도 아니고 악한도 아니었다. 그는 평범한 독일인처럼 생각하고 행동했을 뿐이다. 그는 자신이 살았던 세상과 완벽한 조화를 이루었을 뿐이다. 단지 이 세상을 살아가는 사람들은 자신의 범죄가 현실의 한 부분이 되어버려 현실을 대면할 능력을 잃어버렸던 것이다. "제3제국의 악은 대부분의 사람이 그 악을 인식하게 되는 특질을 상실했다." 수많은 독일인이 거대한 범죄의 공모자가 되지 않으려는 유혹을 받았겠지만, "그들은 그러한 유혹에 어떻게 저항하는지를 배워버렸다."[15]고 아렌트는 말한다. 이런 의미에서 악의 평범성은 "존경할 만한 유럽 사회에서 발생한 도덕적 붕괴의 총체성"[16]에 대한 놀랄 만한 통찰을 제공한다. 그렇다면 도덕을 총체적으로 무너뜨리는 것은 무엇인가?

사유할 능력 없음, 다른 사람의 입장에서 생각할 능력 없음, 말할 능력 없음이 결국 악을 키운다. 무엇이 옳고 그른지를 판단할 능력이 없으면 어떤 사회가 공정하고 정의로운지 소통할 수 없다.

대부분의 악이 악마나 괴물보다는 평범한 사람들에 의해 저질러진다는 것이 비극적 진리라면, 이러한 범죄를 저지른 사람들이 스스로를 희생자로 서술함으로써 책임지지 않으려 한다는 것은 한마디로 희극이다. 아이히만은 법정에서 자신이 결코 유대인 혐오자도 아니었고 인류의 살인자가 되기를 바라지도 않았다고 강변했다. 그의 죄는 단지 체제 순응적 복종에서 나왔다. 그들은 마치 복종은 훌륭한 문명사회가 찬미한 미덕이지 않으냐고 말하면서 눈을 껌벅이는 것처럼 보인다. 최순실에 의한 국정농단 사태의 경우에도 최순실을 괴물로 몰고 박근혜 전 대통령은 멍청한 지도자로 서술함으로써 자신들은 단지 지시에 따라 행동했을 뿐이라고 강변하는 사람들의 군상이 떠오른다. 이들을 보면 "나는 괴물이 아니다, 나는 그렇게 만들어졌을 뿐이다.", "나는 오류의 희생자이다."[17]라고 말하는 아이히만이 떠오른다. 그들은 왜 그렇게 된 것인가? 평범한 사람들이 왜 그런 짓을 했는지도 의문이지만, 자신의 행위에 대해 어떤 죄책감과 양심의 가책도 보이지 않는다는 것은 더더욱 불가사의이다.

'악의 평범성'과 관련해서 우리는 두 가지 쟁점을 구별해야 한다. 하나는 개인들이 악마적인 동기와 의도를 갖지 않고서도 악한 행동을 저지를 수 있다는 점을 보여주는 것이다. 한나 아렌트는 분명 이 문제에 집중했다. 왜 우리는 괴물이 아니면서 괴물 같은 짓을 저지르는가? 다른 하나의 쟁점은 법정에 선 아이히만이 바로 이러한 서술에 적합한 인물이었는가 하는 것이다. 아이히만이 자신의 승진과 성공을 위해 단지 성실하고 근면하게 일했다는 것 외에는 다른 동기를 찾을 수 없다는 아렌트의 말은 자신의 이론적 관점을 위해 사실을 왜곡하고 축소하는 것일 수도 있다. 아렌트가 아이히만의 위장 전략에 속아 넘어갔을 수도 있지만, 사실 이 점을 충분히 인지하고 있었다. 아이히만이 자신의 일에 최선을 다했다는 사실이 "그의 광신, 즉 유대인에 대한 끝없는 증오를 입증하는 것인지, 그리고 자신은 항상 명령에 복종했을 뿐이라고 주장한 것이 경찰에게는 거짓말하고 또 법정에서 위증한 것인지의 여부가 문제였다."[18]

아렌트에게 중요한 것은 오히려 무엇이 그를 대량 학살이라는 거

이스라엘에서 재판받는 아이히만

"사고가 악을 다루는 순간, 사고는 좌절합니다.
거기에는 아무것도 없기 때문입니다.
그것이 악의 '평범성'입니다."

- 《천민으로서의 유대인(The Jew as Pariah)》 중에서

대한 기계의 톱니바퀴로 만들었는가이다. 아이히만이 자신의 의무를 아렌트가 생각하는 것보다 훨씬 더 광신적으로 수행했을 수도 있지만, 아렌트의 눈에 띈 아이히만의 특성은 전혀 다른 것이었다.

그의 말을 오랫동안 들으면 들을수록, 그의 말하는 데 무능력함 (inability to speak)은 그의 생각하는 데 무능력함(inability to think), 즉 타인의 입장에서 생각하는 데 무능력함과 매우 깊이 연관되어 있음이 점점 더 분명해진다. 그와는 어떠한 소통도 가능하지 않았다. 이는 그가 거짓말하기 때문이 아니라, 그가 말과 다른 사람들의 현존을 막는, 따라서 현실 자체를 막는 튼튼한 벽으로 에워싸여 있었기 때문이다.[19]

아이히만이 최종 해결책 기계의 톱니바퀴가 된 것은 어쩌면 자신의 적극적 의지에서가 아니라 그냥 그렇게 일어난 것인지도 모른다. 물론 그는 자신이 명령에 따라 움직이는 톱니바퀴였을 뿐이라고 강변한다고 하더라도 그가 저지른 죄가 없어지거나 줄어드는 것은 결코 아니다. "만일 피고가 자기는 인간으로서가 아니라 단순한 기능인으로 행동했고 그 기능은 다른 누구에 의해서도 마찬가지로 쉽게 수행될 수 있었다는 근거로 변명하려 한다면, 그것은 마치 범죄자가 (어떠어떠한 장소에서 하루에 얼마만큼의 범죄가 자행되었다는 것을 보여주는) 범죄 통계표를 가리키며 자기는 통계적으로 기대되는 것을 했을 뿐이라고, 무엇보다도 누군가가 그 일을 해야 했기 때문에 자기가 그렇게 하고 다른 사람이 그렇게 하지 않은 것은 단지 우연일 뿐이라고 선언하는 것과 마찬가지다."[20]

내가 악행에 관여한 것은 우연히 그 자리에 있었기 때문이지, 다른 사람이 그 자리에 있었다면 그 역시 똑같은 행동을 했을 것이라는 이야기는 자신이 행위의 주체임을 포기하는 것이다. 이러한 문제는 공정사회의 실현이라는 목적으로 적폐 청산을 추진할 때에도 마찬가지로 등장한다. 명백한 위법행위를 저지른 고위 공직자의 사법 처리는 피할 수 없지만, 단지 정부의 방침을 따랐을 뿐인 중하위 공직자들을 처벌할 수는 없다는 말이 대표적이다. 정부의 정책이 오류일 뿐만 아니라 누가 보더라도 부당하고 위법적이라는 사실을 충분히 알고 있으면서도 상부의 지시와 명령을 그대로 따라도 괜찮은 것인가? 이러한 현상을 묵인한다면, 일상적 아이히만을 양산하는 것은 아닌가?

아이히만이 단순한 하급 공무원에서 대량 학살에 적극적으로 가담하는 친위대 대원이 되어가는 과정에서 그에게는 세 가지 일이 일어났다. 첫째, 그는 한 번도 그의 상급자나 동료에게서 문제를 제기하는 말을 들은 적이 없었다. 아무도 일어나는 일에 대해 질문하지 않았던 것이다. 둘째, 그는 나치 친위대에게서 무엇이 진리인지를 지시받았다. 그는 스스로 옳고 그름을 판단하지 않은 것이다. 진리가 무엇인지를 결정하는 전체주의 정권은 "자신의 이상을 위해서라면 어떤 것, 특히 어떤 사람이라도 희생시킬 각오가 된 사람"[21]을 길러낸다. 셋째, 아이히만은 전혀 다른 양심을 갖게 되었다. 주위에서 수

많은 사람이 비참하게 죽어가는 장면을 봐도 혐오감을 느끼지 못하는 집행자가 된 것이다. 이렇게 그는 가해자에서 이 모든 것을 감당해야 하는 영웅적 희생자로 변해간다. 진정한 악한과 사이코패스는 오히려 드물지도 모른다. 이런 방식으로 사람이 무감각해지고 어떤 생각도 하지 못하게 된다면, 이러한 무사유는 인간 속에 존재하는 모든 악을 합친 것보다도 더 많은 대파멸을 가져올 수 있다.

아렌트는 사유할 능력 없음, 다른 사람의 입장에서 생각할 능력 없음, 말할 능력 없음이 결국 악을 키운다고 말한다. 무엇이 옳은지 그른지를 판단할 수 있는 능력이 없으면, 우리는 어떤 사회가 공정하고 정의로운 사회인지에 관해 다른 사람과 소통할 수 없다. 다른 사람에 대한 공감 능력을 잃어버린 사람은 자신의 이기심과 사생활로 도피하지만, 그것은 전체주의 정권이 가장 쉽게 파괴할 수 있는 것이다. 그렇기 때문에 아렌트는 '악의 평범성'이라는 개념을 최초로 사용한 이래 죽을 때까지 사유할 수 있음의 의미를 파고든다.

아렌트에게 사유는 결코 논리적 추론이나 효과적 계산이 아니다.
그것은 옳고 그름을 판단하는 것이다.

여러 해 전 예루살렘에서 있었던 아이히만의 재판에 대해 보고하면서 나는 '악의 평범성'에 대해 언급했는데, 이는 어떠한 이론이나 사상을 의도한 것이 아니라 단지 아주 사실적인 어떤 것, 엄청난 규모로 자행된 악행의 현상을 나타내려고 한 것이었다. 이 악행은 악행자의 특정한 약점이나 병리학적 측면 또는 이데올로기적 확신으로 그 근원을 따질 수 없는 것으로, 그 악행자의 유일한 인격적 특징은 아마도 특별한 정도의 천박성이라고 할 수 있을 것이다. 그 행위가 아무리 괴물 같다고 해도 그 행위자는 괴물 같지도 또 악마적이지도 않았다. 그리고 재판 과정에서, 그에 앞서 있었던 경찰 심문에서 보인 그의 행동뿐만 아니라 그의 과거에서 사람들이 탐지할 수 있었던 유일한 특징은 전적으로 부정적인 어떤 것이었다. 그것은 어리석음이 아니라 흥미로운, 사유의 진정한 무능력이었다.[22]

'악의 평범성'을 명료하게 서술하고 있는 이 문장은 우리에게 한 가지 질문을 던진다. 사유할 능력이 없음은 도덕적 양심의 붕괴와 일치하는가? 현실에서 일어나는 일을 검토하고 성찰하는 사유의 능력은 우리로 하여금 악행의 유혹에 넘어가지 않도록 하는가? 아렌트는 후기에서 사유와 판단, 악의 관계를 집중적으로 파고든다. 아렌트에게 사유한다는 것은 결코 논리적으로 추론하고 효과적으로 계산하는 것을 의미하지 않는다. 대량 학살 기계의 집행인들은 얼마나 영리했던가. 아렌트에게 사유한다는 것은 옳고 그름을 판단하는 것이다. "사유의 풍향을 분명하게 보여주는 징후는 지식이 아니다. 그것은 옳고 그름, 아름다움과 추함을 말할 수 있는 능력이다. 그리고 이것은 위태로운 드문 순간에 파국을 막을지도 모른다. 적어도 자기 자신을 위해서 말이다."[23]

나치 정권에 의한 대량 학살은 독일의 교양 사회 전체가 히틀러에게 굴복해서 사유 능력 없음이 사회 전체로 퍼졌기 때문에 가능했다. 도덕이 총체적으로 무너져 우리가 지켜야 할 규칙이 존재하지 않을 수 있다. 그래도 우리는 일어나는 일을 이해하려면 각각의 일이 일어날 때마다 판단해야 한다. 설령 선례가 없는 일이 일어날지라도 우리는 판단을 통해 새로운 규칙을 만들어내야 한다. "인간들은 자기를 이끌어주어야만 하는 것이 그들 자신의 판단뿐이고, 게다가 그 판단이 자기들 주위의 모든 사람이 동의하는 의견과 완전히 어긋나는 것일 때조차도, 사람들은 옳은 것과 그른 것을 구별할 수 있어야 한다."[24] 이것이 한나 아렌트의 '악의 평범성'이 우리에게 들려주는 교훈이다. 대부분의 사람이 선전 선동에 세뇌되어 판단 능력을 잃어버렸을지라도 몇몇 사람이 여전히 생각할 수 있다면, 우리 사회는 좋은 방향으로 바뀔 수도 있다. 아렌트가 악의 평범성에도 희망을 잃지 않는 까닭이 여기에 있다.

> 정치적으로 말하자면 그 교훈이란 공포의 조건에서 대부분의 사람은 따라가지만 어떤 사람은 따라가지 않는다는 것이다. 그와 마찬가지로 최종 해결책이 제안된 나라들의 교훈은 대부분의 지역에서 '그 일이 일어날 수 있었지만' 그 일이 어디서나 일어나지는 않았다는 것이다. 인간적으로 말하자면, 이 지구가 인간이 거주하기에 적합한 장소로 남기 위해서는 그 이상의 것이 필요하지도 않고 또 그 이상의 것이 합리적으로 요구되지도 않는다.[25]

정치의 의미는
자유이다.

The meaning
of politics is
freedom.

우리의 자유는
다른 사람들과
'함께할' 때만
실현할 수 있다.

4
왜 완전히 사적인 사람은 자유가 없는가?

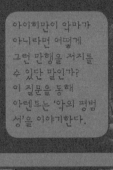

아이히만이 악마가
아니라면 어떻게
그런 만행을 저지를
수 있단 말인가?
이 질문을 통해
아렌트는 '악의 평범
성'을 이야기한다.

사고가 악을 다루는 순간, 사고는
좌절한다. 거기에는 아무것도 없기
때문이다.

The moment it concerns itself
with evil, it is frustrated
because there is nothing.

Amor
mundi

아렌트가 가장 어두운
시대를 경험했으면서도
세계는 변할 수 있다는
희망을 잃지 않은
이유는 무엇일까?

"완전히 사적인 생활을 한다는 것은 우선 진정한 인간에게 꼭 필요한 것을 빼앗겼다는 의미이다. 타인을 보고 들음으로써 생기는 현실성의 박탈, 공동 사물 세계의 중재를 통해 타인과 관계를 맺거나 분리됨으로써 형성되는 타인과의 '객관적' 관계의 박탈, 사적 생활의 이 박탈성은 타인이 존재하지 않는 데서 온다."[1]

．
．
．
．
．
．
．
．
．
．
．
．
．

공적 영역이 사적 영역과 근본적으로 다른 점은 무엇인가?

타인의 현존을 전제조건으로 삼는 활동이 행위이며,

행위가 이루어지는 곳이 바로 공적 영역이다.

　정치는 사적인 것과 공적인 것을 구별함으로써 시작한다. 정치가 아무리 타락하여 사적인 이해관계에 의해 오염되었다고 할지라도 근본적으로는 공동체의 선과 관련이 있다는 것은 의심의 여지가 없다. 사생활이 비정치적인 것이기는 하지만 모든 사람의 공통 관심사라고 할 수 있는 사생활 보호는 지극히 정치적인 문제이다. 가부장이 가정에서 갖고 있는 힘과 역할을 정치에 빗대어 서술하고 가정도 민주화되어야 한다고 말하지만, 가정에서도 정치가 이루어진다면 웃음거리가 될 뿐이다. 정치는 반드시 공적인 것에서부터 출발하고 공적인 것을 추구한다. 모든 사람이 공동으로 추구하는 공익과 공동선은 동시에 다양한 시민을 통합하는 정치적 행위의 목적이기 때문이다.

남성과 여성, 밤과 낮처럼 이 세상에는 우리의 삶을 지배하는 근본적인 이원론이 있다. 모든 사람이 둘 중에 하나에 반드시 속해야 하지만 동시에 두 부분에 속할 수 없을 때 이원론이 거론된다. 하나의 전체를 이루지만 대립적이고 동시에 보완적인 관계가 이원론이다. 정치에서 가장 기초적인 이원론은 두말할 나위도 없이 공적인 것과 사적인 것의 구별이다. 이해관계에서 공과 사를 엄격히 구별해야 한다는 공공사사(公公私私)는 정치의 기본적인 전제조건이다.

한나 아렌트는 정치와 민주주의를 발전시킨 고대 그리스 이래 당연한 것으로 여겨졌던 공적인 것과 사적인 것의 구별을 매우 진지하게 받아들인다. 왜 아렌트는 매우 전통적이고 또 어떻게 보면 고리타분하기 짝이 없는 이원론을 오늘의 관점에서 호출하는 것일까? 오늘날 우리는 공적인 것과 사적인 것을 쉽게 구별할 수 없는가? 현대정치에서 공적인 것과 사적인 것을 구별한다는 것이 어떤 의미인가?

한나 아렌트는 서양의 정치가 그리스의 폴리스(polis)와 함께 발전했다고 생각한다. 이것은 단순한 역사적 사실 이상의 의미를 가진다. 정치(politika), 정치인(polites), 정치 질서(politeia)와 같은 낱말들의 어원이라고 할 수 있는 폴리스는 정치의 본질을 규정하는 토대이기 때문이다. 서양이 폴리스의 관점에서 정치를 바라본다면, 우리는 오히려 가족의 관점에서 정치를 규정한다.

우리의 정치적 이해에 많은 영향을 준 《대학(大學)》은 "수신, 제가, 치국, 평천하(修身齊家, 治國平天下)"를 이상적 정치의 모델로 제시한다. 몸이 닦인 후에 집안이 바르게 되고, 집안이 바르게 된 후에 나라가 다스려지며, 나라가 다스려진 후에 천하가 태평해진다는 것이다. 유가적 이상 정치는 나라를 다스리고 세계를 통치하려면 우선 스스로를 수양해야 한다는 덕성의 정치를 강조한다. 그러나 우리가 여기서 주목해야 할 것은 가정과 국가 사이의 어떤 질적 차이와 경계도 없다는 점이다. 국가는 잘 다스려진 큰 가정과 다를 바 없다. 이런 맥락에서 공적인 것과 사적인 것을 구별하기란 말처럼 쉽지 않다.

국가를 가정의 연장선으로 파악하는 유교 문화권과는 정반대로 고대 그리스인들은 가정과 폴리스를 대립적인 것으로 파악했다. "그리스 사상에 따르면 정치적 조직체를 가질 수 있는 인간 능력은, 그 중심이 가정과 가족인 자연적 결사체와는 다를 뿐만 아니라 완전히 대립적이다. 도시국가의 발생은 인간이 사적 생활 외에 두 번째 삶이라 할 수 있는 정치적 삶을 부여받았음을 의미한다. 이제 모든 시민은 두 가지 존재 질서에 속하게 되고, 그의 삶에서 자신의 것(idion)과 공동의 것(koinon)은 분명하게 구분된다."[2] 가정과 국가 사이에는 이처럼 본질적 차이가 존재한다. 국가는 가정과 질적으로 다른 영역이며, 공적인 것과 사적인 것은 엄격하게 구별된다.

그렇다면 사적 영역과 공적 영역은 어떤 점에서 근본적으로 구별되는가? 한나 아렌트가 공사의 구별과 관련하여 제기하는 핵심 문제는 바로 '행위'의 가능성이다. 정치는 사람들이 함께 살아간다는 사실과 직접 연관되어 있다. 우리가 더불어 살아간다는 사실이 노동, 작업, 행위와 같은 모든 인간 활동의 조건이기는 하지만, 그중에서도 행위는 결코 인간 사회 밖에서 이루어질 수 없다고 강조한다. 노동과 작업은 혼자서도 할 수 있지만, 행위는 혼자서 할 수 없다. "오직 행위만이 인간의 배타적 특권이다. 짐승도 신도 행위능력은 없다. 행위만이 타인의 지속적인 현존을 전제조건으로 삼는다."[3] 이러한 행위가 이루어지는 곳이 바로 공적 영역이다. 그렇기 때문에 아렌트에게 행위는 항상 정치적 행위이다.

우리가 사적 영역인 가정에서 정치를 하지 않는다는 것은 지극히 당연하다. 가정은 욕구와 필요의 장소이다. 고대 그리스에서 노예들은 삶에 필요한 재화를 생산하는 노동을 담당했고, 여자는 아이들을 생산했다. 생존을 위한 노동은 남자의 임무이고, 종족 보존을 위한 출산은 여자의 임무이다. 이러한 일들은 모두 삶의 절박함에 묶여 있기 때문에 "가정의 자연적 공동체는 필연성의 산물이고 거기에서 이루어지는 모든 활동은 필연성의 지배를 받는다."[4] 빈곤과 풍요가 지배하는 현대사회에서도 가정은 여전히 우리의 기본 욕구를 충족시키는 공간이다. 오늘날 우리는 가정을 필연성의 공간보다는 친밀성의 공간으로 받아들이는 경향이 강하지만, 가정이 여전히 삶의 일상적 필요와 욕구를 위해 이루어졌다는 것을 부인할 수는 없다.

이에 반해 폴리스는 공적 영역으로서 자유의 공간이다. 가장은 가정의 울타리를 넘어 광장에서 자유롭고 평등한 다른 시민들과 함께 공적인 문제를 논의한다. 가정이 가부장을 중심으로 한 엄격한 불평등의 장소라면, 폴리스는 자유와 평등의 장소이다. "폴리스 내에서의 공동생활을 그리스인들이 익히 알고 있던 모든 공동생활의 형식과

	사적 영역	공적 영역
공간	가정(oikos)	폴리스(polis)
활동 유형	노동, 작업	행위
원칙	필연성	자유
지배 형식	전제정치	민주정치

〈사적 영역과 공적 영역〉

구별하는 특징은 자유였다. 이것은 여기서 정치적인 것 또는 정치가 인간에게 자유, 자유로운 삶을 가능하게 하는 수단으로 이해되고 있다는 것을 의미하지 않는다. 자유롭다는 것과 폴리스 내에서 살고 있다는 것은 어떤 의미에서는 동일한 것이었다."[5] 자유롭다는 것은 정치적으로 행위를 한다는 의미이고, 정치적으로 행위를 한다는 것은 그 자체로 자유롭다는 의미이다. 자유롭다는 것은 삶의 필연성이나 절박함에 예속되어 있는 것이 아니고 타인의 명령을 따르거나 타인에게 명령하는 것도 아니다. 이런 맥락에서 가정에서는 자유가 존재하지 않는다.

여기서 아렌트는 우리에게 상당히 충격적이고 도전적인 관점을 제시한다. 사랑과 친밀성의 영역이라고 여겨지는 가정은 정치적으로 보면 폭력의 공간이라는 것이다. 가정은 이중적으로 폭력적이다. 가정은 한편으로 가부장이 독재하기 때문에 폭력적이며, 다른 한편으로 삶의 필연성에 예속되어 있기 때문에 폭력적이다. 자유롭고 평등한 시민들이 모여 논의하는 폴리스의 지배 형식이 민주적이라면,

가정의 지배 형식은 가부장이 독재하는 전제정치이다. 그리스인들은 자유가 전적으로 정치적 영역에 속하며 또 "필연성은 전(前) 정치적(pre-political) 현상으로서 사적인 가정 조직의 특징이며, 강제와 폭력은 필연성을 극복하고 또 자유롭기 위한 수단으로서 …… 이 사적 영역에서 정당화된다는 사실을 당연시했다. 모든 인간이 필연성에 예속되어 있다는 사실은 타인에 대한 폭력을 정당화한다. 폭력은 세상의 자유를 위해 삶의 필연성에서 해방되고자 하는 인간의 전 정치적 행위다."[6]

가정이 폭력의 공간이라는 아렌트의 시각은 우리에게 낯설어서 선뜻 동의하기 어렵다. 그렇지만 필연성이 극복되어야 비로소 자유가 시작된다는 것은 여전히 타당하다. 생존만 문제가 되는 곳에서는 폭력이 자라난다. 정치가 '좋은 삶'의 실현이라면, 우리는 먼저 생존의 문제를 해결해야 한다. 복지국가의 모델이 일반화되어 가정과 국가의 경계가 예전처럼 분명하지 않은 것은 사실이지만, 우리가 공적 영역을 통해서만 자유를 실현할 수 있다는 것은 부인할 수 없다. 그리고 자유가 인간의 본질적 특성이라면 완전히 사적 생활을 한다는 것은 "진정한 인간에게 꼭 필요한 것을 빼앗겼다는 의미이다."[7]

우리가 가정에서 사적인 생활만 한다면 박탈되는 것은 두말할 나위도 없이 자유로운 행위의 가능성이다. 사람들은 공적 영역에서만 진정으로 자신의 삶을 시작할 수 있다.

사람들은 공론 영역에서만 타인을 넘어서거나 타인과 자신을 구별할 수 있다. 공론 영역에서 수행되는 모든 활동은 사생활에서는 결코 얻을 수 없는 탁월성을 얻을 수 있다. 탁월성을 얻기 위해서는 정의상 타인의 현존이 늘 필요하다. 이 현존은 동등한 동료에 의해 구성된 형식성이 필요하며, 동등한 사람들이나 열등한 사람들의 우연적이고 친숙한 현존이어서는 안 된다.[8]

우리는 공론 영역에서 말과 행위를 통해 타인과 관계를 맺음으로써 비로소 누군가가 된다. 이처럼 공론 영역은 자유롭고 평등한 시민들에게 정체성을 부여하는 공간이다. 우리가 행위를 할 수 있다는 사실은 이처럼 자신의 삶을 시작하고 자신의 정체성을 확보한다는 의미이다. 우리가 가정을 떠나 공론 영역에 들어가면 내가 누구인지, 내가 다른 사람들과 어떻게 다른지, 내가 추구하는 의견이 다른 사람들과 일치하는지 아니면 일치하지 않는지를 확인할 수 있기 때문에 공론 영역은 자유와 탁월성의 공간인 것이다. 이러한 자유를 획득하려면 우리는 반드시 가정의 사적 영역을 극복해야 한다.

경제적 동기와 효율성이 지배하는 현대사회에서
사람들은 공동선을 위해 '행위'하기보다
이익의 극대화를 위해 '행동'할 뿐이다.

오늘날 우리는 정치에서는 공적인 것과 사적인 것을 구별해야 한다는 점을 인정하면서도 자유를 위해서는 사적인 것을 뛰어넘어야 한다는 점은 쉽게 수긍하지 못한다. 현대사회에서 개인들은 개인적 자유와 행복을 위해 사회에서 경제활동을 하며, 정치는 이러한 활동을 보장할 뿐만 아니라 촉진해야 한다고 생각한다. 사람들이 특정한 목적과 이해를 위해 맺는 관계를 사회라고 한다. 사람들은 자기 이익을 위해 시장에서 다른 사람들과 거래하고, 인권 단체나 환경보호 단체처럼 특정한 가치를 위해 연대하기도 하고, 바람직한 사회에 관한 정치적 이념을 공유하는 사람들과 정당을 결성하기도 한다. 오늘날 대부분의 사람은 정치적인 것을 사회적인 것과 동일시한다. "사람은 정치적 동물이다."라는 아리스토텔레스의 말을 '사람은 사회적 동물'이라고 이해해도 별로 문제가 되지 않는다. 사람들은 사회적인 것이 곧 공적인 것이라고 믿는다.

아렌트는 우리가 지극히 당연한 것으로 여기는 사회의 출현이 비교적 새로운 현상이라고 강조한다. 사회의 부상은 국민국가가 탄생한 근대의 출현과 일치한다. 아렌트는 한 걸음 더 나아가 이러한 사회의 출현으로 말미암아 정치와 정치적인 것의 의미가 왜곡되었다고 주장한다.

사회의 출현은 가사 활동의 문제와 조직 형태가 가정의 어두운 내부에서 공론 영역의 밝은 곳으로 이전된 것을 말한다. 이로 말미암아 사적인 것과 공적인 것을 구분하던 옛 경계선은 불분명해졌고, 두 용어의 의미와 이것이 개인과 시민의 삶에 대해 지녔던 중요성

도 거의 식별할 수 없을 정도까지 변했다.[9]

　가정의 활동이 공론 영역의 밝은 곳으로 옮겨갔다는 것은 도대체 무슨 의미인가? 고대 그리스에서 가정의 활동은 주로 인간의 생활에 필요한 재화나 용역을 생산하고 분배하고 소비하는 경제활동이었다. 경제(economy)라는 낱말이 가정이라는 뜻의 '오이코스(oikos)'에서 유래한다는 사실은 이 점을 잘 말해준다. 이러한 경제활동이 공적 영역으로 옮겨간 것은 시장의 발달 덕택이다. 시장의 출현으로 가정경제는 시장경제가 되었고, 정치적으로 관리하고 통제해야 하는 국민경제가 되었다. 이런 맥락에서 보면 '사회'는 경제적으로 조직된 여러 구성원의 거대한 가족 공동체와 다를 바 없으며, '국가'는 정치적으로 조직된 사회라고 할 수 있다. 근대에 들어와 시장경제가 발전하고 자본주의가 성숙하면서 가정과 직업이 분리되어 사람들은 이제 가정에서 경제활동을 하지 않는다. 경제활동이 이루어지는 곳은 가정 밖의 사회이다.

　우리는 이제 정치적으로 중요한 모든 문제를 사회의 문제로 인식한다. 고대 그리스의 관점에서 보면 사적 영역도 아니고 공적 영역도 아닌 사회의 출현은 모든 것을 뒤죽박죽으로 만들었다. 가정의 사적 영역은 본래 삶과 생존과 관련된 활동, 즉 노동과 작업의 장소이다. 이 영역에서 인간은 진정한 인간으로서가 아니라 동물의 한 종으로서만 실존한다. 고대 그리스인들은 오직 생존 자체에만 매달리는 삶을 지독하게 경멸했다. 인간이라면 단순한 생존을 넘어선 자

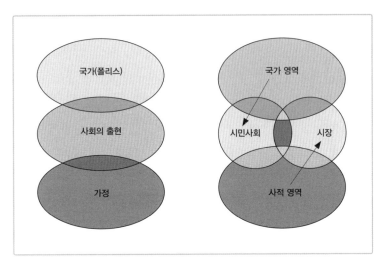

〈사회의 분화와 공론 영역의 구조 변동〉

유를 추구하기 때문이다. 삶과 복지에 관련된 활동이 더는 가정이 아니라 '사회'에서 이루어지게 됨으로써 가정 자체도 이제는 단순한 사랑과 친밀성의 영역으로 줄어든다. 물론 사랑의 장소인 가정은 여전히 비정치적인 영역으로 남아 있다. "사랑은 본질상 무세계적이다. 드물기 때문이 아니라 바로 이 무세계성 때문에 사랑은 정치와 무관할 뿐 아니라 반정치적이며, 아마 반정치적인 모든 인간의 힘 중에서 가장 강력할 것이다."[10] 사람은 근본적으로 가정을 떠나 복수의 다른 사람들과 관계를 맺을 때에만 비로소 세계를 갖게 되기 때문이다.

사회의 출현으로 정치적인 공적 영역도 근본적으로 바뀐다. 국가

〈폴리스〉와 동일시되었던 공적 영역은 시민들이 자신의 모습을 보여주는 곳이기 때문에 개성과 차이의 장소이다. 우리가 살아가는 현대사회도 다양한 사람이 만나는 곳이다. 그렇지만 사람이 많으면 많을수록 더욱더 비슷하게 행동하게 되고 더욱더 다른 행동을 받아들이지 못한다. 경제학의 탄생은 사회의 발생과 일치한다. 경제적 동기와 효율성이 지배하는 현대사회에서 사람들은 다른 사람들과 함께 공동선을 위해 '행위'를 하기보다는 경제적 이익의 극대화라는 목표를 위해 '행동'할 뿐이다. 사람들의 개성은 이제 중요하지 않고 통계적 의미만 가진다. 이런 현대사회는 궁극적으로 행위의 다양한 가능성을 배제한다고 아렌트는 진단한다.

경제가 국가적 관심사가 된 것은 당연한 일이다.
그러나 정치가 경제적 문제만 해결하는 행정으로 축소된다면
진정한 의미의 정치가 아니다.

 사회의 출현은 경제의 부상과 정치의 쇠퇴를 의미한다. "바보야, 경제가 문제야"라는 빌 클린턴 대통령의 말이 강변하는 것처럼 오늘날 모든 문제는 경제로 환원된다. 경제 문제를 잘 다루는 사람이 정치를 잘 한다고 평가하고, 사람들이 잘 살기만 하면 모든 것이 해결된 것처럼 생각한다. 복지는 이제 정치의 일반적 목표가 되었다. 아렌트는 "생명에 대한 지나친 사랑은 자유에 방해가 되고, 이는 동시에 노예성의 확실한 표시"라고 말하지만, 사회적 양극화로 생존의 가능성마저 빼앗긴 현대사회에서 고대 그리스의 정치는 유토피아적 이상으로 여겨질 뿐이다. 아렌트는 여기서 현대사회의 출현으로 얻게 된 자유의 가능성을 가볍게 여기거나 무시하고 오직 부정적 요소만 강조했다는 비판을 받을 수 있다.

왜 아렌트는 사회의 출현을 부정적으로 생각한 것일까? 아렌트가 정치의 의미로 파악하고 있는 자유를 위해서 공적 영역과 사적 영역의 구별이 왜 그렇게 필요한 것일까? 아렌트는 현대의 관료체제를 갖춘 국민국가가 탄생하고 자본주의의 시장이 발전하면서 공론 영역의 구조가 근본적으로 바뀌었을 뿐만 아니라 정치의 의미가 퇴색했다고 판단한다. 오늘날 우리 삶의 모든 영역은 경제적 논리에 의해 식민지화되었다고 해도 과언이 아니다. 이런 상황에서 공적 영역과 사적 영역을 구별하는 것이 의미가 없을 뿐만 아니라 거의 불가능할지도 모른다. 아렌트의 말을 조금 더 상세하게 들어보자.

지금 우리에게 중요한 문제는 이런 발전 때문에 공론 영역과 사적 영역, 폴리스의 영역과 가정·가족의 영역, 끝으로 공동세계와 관련된 활동과 생계유지와 관련된 활동의 단호한 구분을 이해하기가 매우 어렵게 되었다는 것이다. 그런데 이런 구분에 의거해야만 고대의 정치사상은 자명해진다. 그 구분의 경계선이 우리에게 분명치 않아 보이는데, 그것은 우리가 민족 집단이나 정치적 공동체를 가족의 이미지로, 즉 그 일상사를 거대한 범국가적 가계 행정의 차원에서 처리되는 가족의 이미지로 이해하기 때문이다. 이런 발전에 상응하는 과학적 사상은 정치학이 아니라 '국민경제', '사회경제' 또는 '민족경제'다. 이 모든 표현은 일종의 '집단적 가정관리'를 지시한다. 경제적으로 조직되면서 하나의 거대한 인간 가족 복제물이 되어버린 결합체를 우리는 '사회'라 부르고, 사회가 정치적 형태로 조직된 것을 '국가'라 부른다.[11]

한나 아렌트는 거듭해서 사회적인 것이 경제를 의미한다고 주장한다. 정치적인 것이 공동세계와 관련된 활동이라면, 사회적인 것은 생계유지와 관련된 활동이다. 생계유지와 관련된 활동을 일반적으로 경제라고 부른다면, 사회적인 것은 경제와 같은 것이다. 그런데 한나 아렌트는 사회라는 명사가 있는데도 왜 사회적이라는 형용사를 명사화하여 "사회적인 것(the social)"이라는 용어를 새롭게 만들어 사용할까? 이 용어와 관련한 아렌트의 복잡한 입장과 사상을 정리하는 것은 너무나 어려운 일이다. 단, 아렌트가 사회적인 것을 마치 근대의 괴물처럼 부정적으로 평가하고 있다는 것은 사실이다.[12]

우리는 여기서 "사회적인 것"을 자본주의의 발전과 더불어 등장했으며 근대사회에 내재한 부정적 경향으로 읽을 수 있다. 카를 마르크스가 자본주의 사회의 내재적 경향을 소외로 읽어낸 것처럼 아렌트는 경제 지향적 근대사회의 반정치적 경향을 사회적인 것으로 해석한다. "중요한 것은 사회의 모든 구성원이 무슨 일을 하든 자신의 활동을 자신과 자기 가족의 생계유지 수단으로 파악한다는 것이다. 단지 살기 위해 상호 의존한다는 사실이 공적 의미를 획득하고, 단순히 생존에 관련된 활동이 공적으로 등장하는 곳이 '사회'다."[13] 간단히 말해 사회는 가정에 묶여 있던 생존 활동, 즉 노동이 공적으로 바뀐 것을 의미한다. 이런 의미에서 사회는 항상 '노동 사회' 또는 '노동자 사회'이다. 오늘날 최대의 공적 관심을 받는 '실업률', '최저임금제도', '근무시간 단축' 등은 모두 경제적 활동과 관련이 있으며, 이를 정책적으로 조정하고 결정하는 것이 바로 정치로 여겨지고 있다.

그렇다면 경제의 정치화가 왜 문제가 되는 것일까? 아렌트가 말하는 것처럼 경제가 정치적 자유와 평등의 선결 조건이라면 경제가 국가적 관심사가 된 것은 당연한 일이 아닌가. 우리의 생계문제를 해결하는 노동은 물론 중요하지만, 노동만 하면서 살아간다면 끔찍한 일이다. 경제가 물론 중요하기는 하지만 정치가 오직 경제적 문제만 해결하는 행정으로 축소된다면 진정한 의미의 정치가 아니라는 것이다.

사회가 모든 발전 단계에서—예전에는 가정과 가계가 그랬던 것처럼—행위(action)의 가능성을 배제한다는 것이 결정적으로 중요하다. 그 대신 사회는 각 구성원에게 일정의 행동(behavior)을 기대하며, 다양하고 수많은 규칙을 부과한다. 이 모두는 구성원을 '표준화' 시키고, 예의 바르게 행동하도록 만들며, 자발적 행위나 탁월한 업적을 갖지 못하게 한다.[14]

린든 존슨 미국 대통령과 만나 민권법에 관해 논의하는
마틴 루서 킹 목사, 휘트니 영, 제임스 파머

"타자에 의해 보이고 들리는 것이 의미가 있는 까닭은
각자 다른 입장에서 보고 듣기 때문이다.
이것이 공적 삶의 의미다."

- 《인간의 조건》 중에서

사회적인 것의 가장 커다란 문제점은 행위의 가능성을 배제하는 순응주의다. 아렌트는 사회의 부상과 함께 나타난 활동 양식을 행동이라고 부른다. 아렌트가 공론 영역에서 개성을 드러내는 것을 행위라고 부른다면, 행동은 공적인 공간에서 사적인 이익을 추구하는 것이다. 두 가지 활동 양식 모두 현실 세계에 커다란 결과를 가져오고 인간관계에 영향을 미치지만, 그 방식은 질적으로 다르다. 행동이 규칙의 통제를 받고 순종적이고 관습적이고 획일적이라면, 행위는 반대로 자발적이고 창조적이다. 행위가 새롭게 시작할 수 있는 인간의 능력과 행위에 대한 책임에 바탕을 두고 있다면, 행동은 사회적으로 주어진 경제적 규칙에 순응한다. 이런 의미에서 사회적 행동은 결코 정치적 행위가 아니다. 고대 그리스에서는 가정에 묶여 있던 노동 활동이 이제는 사회로 나가 공적 관심을 받는 행동이 되었다고 하더라도, 이러한 행동이 획일적으로 지배하는 곳에서는 결코 정치가 발전할 수 없다. 경제적 순응주의는 정치의 전제조건인 다원성을 파괴하기 때문이다. 이것이 바로 우리가 공론 영역을 회복하고 보존해야 하는 주된 이유이다.

아렌트에게 정치는 내가 누구인지를 다른 사람들 앞에 밝히는 행위다. 즉, 정치는 개인의 정체성을 해명하는 행위다.

자본주의의 발전과 함께 일어난 사회의 팽창은 사적인 것과 공적인 것의 성격을 혼란스럽게 바꿔놓았을 뿐만 아니라 사적인 것과 공적인 것이 각자의 영역을 보존하기 어려운 상태를 만들었다. 사적 영역에 속했던 노동이 사회라는 공적 공간으로 진입하여 국가의 주요 관심사가 됨으로써 사적 영역은 이제 친밀성의 영역으로 줄어들었다. 그렇다면 국가의 정치적 문제와 시장의 경제적 문제가 뒤섞여 있는 현대사회에서 자유와 평등을 실현할 수 있는 공적 영역을 어떻게 구별할 수 있는가?

아렌트에 의하면 사적 영역과 공적 영역을 구별할 수 있는 핵심 기준은 행위의 가능성이다. 공적 영역은 고대 그리스의 폴리스처럼 자유롭고 평등한 시민들이 공동관심사에 관한 토론과 논의에 참여함으로써 자신의 개성을 드러내는 공간이다. "말과 행위를 통해 우리는 인간세계에 참여한다."[15] 그렇기 때문에 아렌트에 의하면 공적 영역은 근본적으로 '공론 영역'이다. 아렌트는 이러한 공적 영역을 두 가지 특성으로 설명한다. 첫째는 공공성이고, 둘째는 세계성이다.

우선, '공적'이라는 용어는 "누구나 공중 앞에 나타나는 모든 것을 보고 들을 수 있고, 따라서 최대한 폭넓은 공공성을 가진다는 의미이다."[16] 아렌트에게 정치는 내가 누구인지를 다른 사람들 앞에 밝히는 행위이다. 정치는 개인의 정체성을 해명하는 행위라고 할 수 있다. 공적 영역의 개념은 고대 그리스에서 폴리스가 맡았던 두 가지 기능과 깊은 연관이 있다. 고대 그리스의 폴리스는 한편으로 "불멸의 명예를 얻는 기회, 즉 말과 행위로 그가 누구인지를 유일무이한 차이를 통해 보여주는 기회를 배가시키는 곳"으로 여겨졌으며, 다른 한편으로 행위가 망각되지 않고 실제로 불멸적인 것이 될 수 있도록 행위와 말의 무상함을 치료하는 기능을 갖고 있었다. 아렌트에 의하면 고대 그리스의 폴리스에서 행위는 오직 위대성의 기준으로만 판단된다. 그렇다면 어떤 행위가 위대한 것인가? 나라를 지키고 구하기 위해 자신의 목숨을 바치는 헌신적 애국 행위가 위대한 것인가? 독재라는 수단을 사용했지만 나라를 절대적 빈곤에서 해방시켜 선진국으로 발전할 토대를 마련한 통치 행위가 위대한 것인가? 아렌트는 동기와 목적은 아무리 순수하고 위대하다 해도 결코 유일한 것은 못 된다고 지적하면서 위대성 또는 개별적 행위의 고유한 의미는 단지 행위의 실행 자체에 있지 그 동기나 결과에 있지는 않다고 주장한다.

위대한 행위는 결코 영웅을 전제하지 않는다. 어떤 시민이 자신의 말과 행위를 통해 새로운 시작을 가능하게 했다면, 그는 위대한 행위를 한 것이다. 어떤 행위의 위대성은 그것을 들어줄 공적 공간이 있을 때 가능해진다.

말 없는 행위는 행위 하는 주체가 없기 때문에 더는 행위가 아니다. 행위자는 그가 동시에 말의 주체일 경우에만 행위자일 수 있다. 그가 시작하는 행위는 말로써 인간에게 이해된다. 그의 행위가 말이 없는 짐승과 같은 몸짓으로 지각될 수 있다 해도, 그가 행위자로서 자신의 정체성을 얻을 수 있는 말을 통해서만, 즉 현재 행하고 이전에 행했고 장차 의도하는 것을 알려주는 말을 통해서만 행위는 적

절한 것이 된다.[17]

그러므로 공적 공간은 우리가 보는 것을 같이 보고 우리가 듣는 것을 같이 듣는 타인과 함께하는 공간이다. 고대 그리스에서 시민들이 형성했던 공론 영역은 이제 점차 언론과 미디어에 의해 대체되고 있다. 언론과 미디어는 시민들이 자유롭게 자신의 의견을 표명할 수 있도록 발언의 기회를 제공할 때 비로소 공론의 장이 될 수 있다.

우리가 관심을 가질 수 있는 공동의 것이 존재할 때
비로소 세계가 열린다.
공동의 것을 매개로 하는 인간관계가 없다면
세계는 존재하지 않는다.

둘째, 공적이라는 용어는 세계 자체를 의미한다. 여기서 세계는 지구나 자연 같은 물질적 세계를 의미하는 것이 아니다. 아렌트는 세계를 매우 독특하게 이해한다. 세계는 오히려 행위를 하는 복수의 사람들 사이에 나타나는 공간 같은 것을 의미한다. "세계에서 함께 산다는 것은, 탁자가 그 둘레에 앉는 사람들 사이에 자리 잡고 있듯이 사물의 세계도 공동으로 그것을 취하는 사람들 사이에 존재한다는 의미이다. 모든 사이(in-between)가 그러하듯이 세계는 사람들을 맺어주기도 하고 분리시키기도 한다."[18] 세계는 이처럼 사적인 소유와 구별되는 공동의 것을 전제한다. 지구는 우리가 함께 거주하는 공간으로서 모두에게 공통적인 세계이다. 역사적으로 형성된 공동체는 서로 다른 생각을 가진 사람들을 결합시키는 공동의 세계이다. 간단히 말해 세계는 우리를 결합시키는 공동의 관계이다.

우리가 관심을 가질 수 있는 공동의 것이 존재할 때 비로소 세계가 열린다. 말과 행위는 사람들 사이에서 이루어지고, 사람을 지향한다. 우리가 지구환경을 이야기하고 기후변화를 논의할 때에도 우리의 관심은 사실 현재 함께 살아가는 사람과 미래 세대에 있는 것이다.

> 관심은 문자 그대로의 의미에서 존재-사이, 즉 사람들 사이에 놓여 있는 어떤 것이며, 따라서 사람들을 서로 이어주고 묶어줄 수 있다. 대부분의 행위와 말은 사람들의 집단만큼 다양한 이 중간 영역과 연관된다. …… 이 중간 영역은 실천 행위와 언어 행위로 구성되어 있으며, 사람들이 서로 직접 행위 하고 말할 때 생성된다. …… 구체적이지 않지만 우리가 볼 수 있는 사물 세계만큼 현실적이다. 이 실재를 우리는 인간관계의 '그물망'이라 부른다.[19]

공동의 것을 매개로 하는 인간관계가 없다면 세계는 존재하지 않는다. 우리에게는 도대체 어떤 인간관계가 있는가? 우리가 사는 세계는 대체 어떤 종류의 것인가? 이 물음에 대한 답은 우리가 어떤 종류의 인간관계를 지향하는가에 달려 있다. 관계는 관계를 맺는 사람들의 복수성을 전제한다. 혼자서는 결코 세계를 만들지 못한다.

공론 영역의 실재성은 수많은 측면과 관점이 동시에 존재한다는 사실에 근거한다. 이 측면과 관점 들 속에서 공동세계는 스스로를 드러내지만, 이것들에 공통적으로 적용되는 척도나 공통분모는 있을 수 없다. 공동세계가 모두에게 공동의 집합장소를 제공할지라도, 여기에 모이는 사람들의 위치는 모두 다르다. 두 사물의 위치가 다르듯이, 한 사람의 위치와 다른 사람의 위치는 일치할 수 없다. 타자에 의해 보이고 들리는 것이 의미가 있는 까닭은 각자 다른 입장에서 보고 듣기 때문이다. 이것이 공적 삶의 의미다.[20]

다양한 관점의 존재는 우리에게 공통적인 세계에 현실을 부여한다. 가부장적 사회의 가정에서처럼 오직 한 가지 관점과 의견만이 지배한다면 진정한 의미의 세계가 아니다. 어떤 세계가 한 사람만을 위해 존재한다면 세계가 아닌 것처럼, 어떤 세계가 현재의 한 세대만을 위해 건립되었다면 그것도 마찬가지로 세계가 아니다. "세계가 공적 공간을 가지려면, 세계는 한 세대만을 위해 건립되어서는 안 되고 살아 있는 자들만을 위해 계획되어서도 안 된다. 세계는 죽을 운명인 인간의 수명을 초월해야 한다."[21] 이러한 지속성이 없다면 어떤 공동세계나 공론 영역도 불가능하다. 결국 우리는 현재의 상태를 초월하여 영원히 지속될 수 있는 공동의 세계를 건립하기 위해 정치를 하는 것이다. 이처럼 공론 영역의 두 번째 특징인 세계성은 우리 모두에게 공동으로 속해 있는 것의 '공통성', 이 세계를 구성하는 사람들의 '복수성', 우리가 함께 만들어가고자 하는 세계의 '지속성'을 토대로 삼는다.

한나 아렌트는 이러한 공론 영역이 사회의 부상으로 인해 심각하게 훼손되고 왜곡되고 있다고 진단한다. 시민들이 아무런 유대 없이 원자로 파편화된 대중사회에서 우리가 견디기 힘든 것은 사람들의 엄청난 수 때문이 아니다. 수많은 이기적 개인 사이에는 사람들을 묶어주고 관계를 맺어주는 공동의 세계가 없기 때문이다. 누구도 나의 목소리에 귀 기울이지 않고, 모든 사람이 똑같은 소리를 내어 나의 목소리가 구별되지도 않는다면 공적 영역은 파괴된 것이다. 자본주의가 발전할수록 사회는 비대해지고, 공동체는 위축된다. 철저하게 경제화된 현대사회는 이렇게 정치적 행위의 가능성을 박탈하는 것이다. 우리가 사적 이익만 추구하면 할수록 자신의 고유한 정체성은 잃어버리고 시장의 논리에 예속된다. 반면, 우리가 공동의 세계를 구축하기 위해 타인의 관점에 주목하고 존중하면 오히려 자신의 관점을 자유롭게 표명할 수 있다. 우리가 사적 영역과 공적 영역을 구별해야 하는 것은 바로 우리 자신의 행위 가능성을 보존하기 위해서인 것이다. 자신의 관점을 가진다는 것은 인간 행위의 위대성이다.

공동세계의 파괴에 앞서 먼저 다양한 관점이 파괴된다. 공동세계의 파괴는 근본적인 고립의 조건에서, 즉 독재의 경우처럼 누구도 자신 이외의 사람들과 협동하고 의사소통할 수 없는 조건에서 일어날 수 있다. 그러나 대중사회 또는 대중적 히스테리의 조건에서도 일어날 수 있다. …… 이 두 예에서 사람들은 완전히 사적으로 변한다. 다시 말해 그들은 타인을 보지도 듣지도 못하고, 타인도 그들을 보지도 듣지도 못한다. 그들은 모두 자신들만의 고유한 경험의 주관성에 갇혀 있다. 동일한 경험이 수없이 반복된다 할지라도, 이 주관성과 그 속에서 겪은 경험의 특수성은 없어지지 않는다. 공동세계는 한 측면에서만 보고 한 관점만 취해야 할 때 끝이 난다.[22]

4. 왜 완전히 사적인 사람은 자유가 없는가?

정치의 의미는
자유이다.

The meaning
of politics is
freedom.

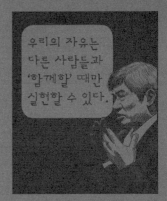

우리의 자유는
다른 사람들과
'함께할' 때만
실현할 수 있다.

5
왜 우리는 다른 의견을 가져야 하는가?

아이히만이 악마가
아니라면 어떻게
그런 만행을 저지를
수 있단 말인가?
이 질문을 통해
아렌트는 '악의 평범
성'을 이야기한다.

사고가 악을 다루는 순간, 사고는
좌절한다. 거기에는 아무것도 없기
때문이다.

The moment it concerns itself
with evil, it is frustrated
because there is nothing.

Amor
mundi

아렌트가 가장 어두운
시대를 경험했으면서도
세계는 변할 수 있다는
희망을 잃지 않은
이유는 무엇일까?

"행위는 사물이나 물질의 매개 없이 인간들 사이에서 직접 이루어지는 유일한 활동이다. 행위는 다수성이라는 인간의 조건, 즉 한 인간(man)이 아니라 다수의 인간(men)이 지구상에 살고 세계에 거주한다는 사실과 일치한다. 인간 조건의 모든 측면은 어떤 식으로든 정치와 연관되기는 하지만, 이 다수성은 모든 정치적 삶의 '필요조건'일 뿐만 아니라 '가능조건'이라는 의미에서 절대적 조건이다."[1]

.
.
.
.
.
.
.
.
.
.
.
.

난민 문제는 스스로 민주주의를 실현했다고 자부하는
대한민국 사회의 민낯을 드러냈다.
우리는 어느 정도까지 차이를 받아들일 수 있는가?

서로 다른 사람들과 공동의 관심사에 대해 의견을 나누는 것이 바로 정치다. 정치의 전제조건은 우리에게 공동으로 주어진 공간에서 의견도 다르고 취향도 다르고 가치도 다른 여러 사람과 함께 존재한다는 사실이다. 물론 의견과 취향과 가치가 너무 달라서 아무런 공통점도 없다면 어떤 대화와 논의도 할 수 없기 때문에 정치가 있을 수 없다. 서로 다른 사람들이 함께 이루고자 하는 공동의 목표가 없다면 정치가 무슨 의미가 있겠는가? 이처럼 정치는 많은 사람이 지닌 차이와 이들에게 공동으로 주어진 공간을 전제한다.

한나 아렌트만큼 정치의 전제조건인 인간의 다원성을 철저하게 사유한 철학자도 없다. 한 인간이 아니라 여러 인간이 이 지구의 곳

곳에 살고 있다는 것만큼 명명백백한 사실도 없다. 누가 이 사실을 부정하겠는가? 지구에는 서로 다른 문화와 전통을 가진 다양한 인종이 뒤섞여 살고 있으며, 같은 문화와 전통에 속해 있는 사람들조차도 삶의 모습은 각양각색이다. 아렌트가 간결하게 말한 것처럼 "정치는 인간의 다원성에 기초한다."[2] 신이 설령 단수의 인간(man)을 창조했을지라도 다수의 인간(men)이 지상에서 살고 있다는 사실이 우리 인간의 조건이라는 것이다. 그렇기 때문에 "정치는 서로 다른 인간들의 공존과 연합을 다룬다."[3] 서로 다른 사람들이 어떻게 공존할 수 있는가? 이 물음은 다원성에서 기인하는 갈등을 전제한다. 자유로우려면 왜 사람들이 달라야 하는가? 이 물음은 다원성과 정치적 자유의 관계를 겨냥한다.

최근 우리에게 다원성의 문제를 적나라하게 표출시켜 정치의 의미를 되돌아보게 한 중요한 사건은 두말할 나위 없이 2018년 제주 난민 사태이다. 우리는 지금 민주주의의 위기에 직면해 있다. 현존사회주의가 붕괴하고 자유민주주의가 보편화된 상황을 지켜보며 프랜시스 후쿠야마(Francis Fukuyama)가 의기양양하게 '역사의 종언'을 선포했던 것이 엊그제인데, 신권위주의가 세계에 창궐하고 있다. 황제로 불리는 중국의 시진핑, 차르에 버금가는 러시아의 블라디미르 푸틴, 현대판 술탄으로 지칭되는 터키의 레제프 에르도안 대통령은 모두 '민주적' 절차로 선출되었지만 장기 독재의 토대를 구축함으로써 새로운 권위주의를 대변한다. 문제는 민주주의의 위기가 단지 비서구적 독재자들에 의해 생기는 것만은 아니라는 점이다. 미국의 도널드 트럼프 대통령이 적나라하게 보여주는 것처럼 서구에서도 인종주의와 민족주의에 입각한 포퓰리즘은 서구의 자유민주주의적 가치를 근본적으로 왜곡하거나 파괴하고 있다.

이러한 정치적 소용돌이의 한복판에 난민 문제가 도사리고 있는 것이다. 새로운 권위주의적 정권이 난민과 이주자에 대해 국경을 봉쇄하고 인종주의에 입각한 민족주의 문화를 강화하는 데서 알 수 있는 것처럼, 난민은 특정한 정치 집단과 문화를 위협하는 타자로 인식되고 있다. 간단히 말해 문화적 타자를 배제함으로써 인종주의와 민족주의에 바탕을 둔 문화적 동질성을 강화하려는 극우주의는 난민 문제로 촉발되었다고 해도 과언이 아니다. 2018년 한 해 동안 6월 20일까지 제주도를 통해 대한민국에 입국한 예멘 국적자 561명 중에서 549명이 난민 신청을 함으로써 남의 나라 이야기였던 난민 문제가 우리나라에도 상륙한 것이다. 난민 문제는 스스로 민주주의를 실현했다고 자부하는 선진 민주국가 대한민국 사회의 민낯과 속살을 드러내었다.

예멘 난민 수용에 관한 논란은 '제주도 불법 난민 신청 문제에 따른 난민법, 무사증 입국, 난민신청허가 폐지' 관련 청와대 국민청원으로 이어졌고, 71만여 명의 동의를 얻은 이 청원에 대해 박상기 법무장관은 난민 신청자에 대한 신원 검증 강화와 엄격한 심사를 통해 난민 유입을 통제하겠다고 답변했다. 이러한 갈등의 핵심은 결국 문화적 차이로 발생하는 사회적 문제이다. 차이는 분명 갈등을 일으킨다. 인도주의와 자유민주주의의 가치에 따라 난민에 대한 관용과 수용을 지지하는 사람들도 이 점을 부인하지는 않는다. 반면, 난민 수용을 반대하는 사람들은 문화나 종교의 차이로 인한 사회적 갈등을 지나치게 강조함으로써 특정 종교를 왜곡하거나 특정 인종을 혐오하는 경향까지 보이고 있다. 난민 문제는 결국 우리 정치 문화의 정체성을 묻고 있는 것이다. 우리의 정치 문화는 어느 정도까지 다름과 차이를 받아들일 수 있는가? 우리와 다른 문화를 절대적으로 타자화하고 배척하면서 과연 우리 내부의 차이를 민주적으로 처리할 수 있는가? 우리는 어떤 정치적 가치를 추구하는가?

난민은 허용과 배제의 문제이다.
난민을 어느 정도 받아들일 수 있는가는
정치적 공간을 얼마만큼 자유의 공간으로 구성할 것인가의 문제이다.

우리가 스스로를 어떻게 조직할 것인가는 궁극적으로 우리와 다른 타자를 어떻게 대할 것인가와 관련이 있다. 유대인으로서 난민과 무국적자의 문제를 온몸으로 경험한 한나 아렌트가 다원성이라는 인간의 조건에 주목한 것은 결코 우연이 아니다. 서로 다른 개인들이 바로 그 차이 때문에 인정받고 자유로울 수 있는 공간이 바로 폴리스의 정치적 공간이다. 고대 그리스의 모델에 따라 인간이 정치적으로 자유롭기 위해서는 가정의 영역을 떠나 폴리스로 들어가야 한다. 아렌트에 의하면 가정과 정치적 공동체 사이에는 본질적인 차이가 있는데도 우리는 정치를 가정의 관점에서 파악하는 경향이 있다. 혈연으로 구성된 가정에는 인종, 종교 또는 가치의 차이가 있을 수 없다. 자신의 가정에 다른 사람을 들일지 말지는 가장이 결정할 사항이다. 그렇지만 다양한 가정에서 나온 시민들로 구성된 폴리스에는 복수의 사람들만큼이나 많은 차이가 존재한다. 설령 이민국가가 아니더라도 우리 사회에는 다양한 종교와 문화가 존재한다. 이러한 경향은 세계화로 인해 오히려 가속화되고 있다. 정치적 공동체를 구성하는 다양한 사람이 관심을 갖는 것은 문화적 동질성 자체가 아니라 자유와 인간 존엄이 가능한 공동사회의 실현이다.

우리가 난민의 유입으로 위협을 느낀다는 것은 우리의 정치적 공동체를 일종의 가족으로 생각한다는 의미이다. 우리는 피부 색깔과 인종과 종교가 다른 사람에게 두려움을 느낀다. 내부문화의 동질성을 강조하면 할수록 이러한 두려움은 이질적인 문화에 대한 혐오감으로 변질된다. 인종적·민족적 순혈주의는 가족의 산물이지 정치의 목표는 아니다. 우리가 스스로를 가족으로 생각하면 할수록 우리는 내부에 타자에 대한 자리를 허용하지 않는다.

실천적·정치적 관점에서 말하자면, 세계가 그 안에 개인을 위한, 즉 다를 수밖에 없는 누군가를 위한 어떠한 자리도 갖추지 않는 방식으로 조직되어 있다는 사실에서 뿌리 깊은 중요성을 획득한다. 가족은 적대적이고 낯선 세계 속의 쉼터이자 튼튼한 성으로 세워졌고, 우리는 그 안에 친족 관계를 끌어들이기를 원한다. 이러한 욕망은 '정치의 근본적인 도착(the fundamental perversion of politics)'으로 이어졌다. 왜냐하면 그 욕망 때문에 복수성이라는 근본적 특성이 파괴되었기 때문이다.[4]

사람들은 어떤 본질적 공통성에 따라 자신을 정치적으로 조직한다. 우리 사회에 수많은 차이가 있는데도 다양한 사람을 한국인이라는 공통성으로 일종의 친족처럼 묶으면 민족주의적 한국 정치가 된다. 지역적인 차이, 동성애주의자와 이성애주의자의 차이, 다양한 종교적 차이 등은 한국인이라는 공통성으로 녹아든다. 우리는 한국인이다. 우리는 한국인으로서 하나의 가족에 속한다. 이렇게 정치적 공동체를 하나의 가족으로 파악하는 관점은 한국인이라는 단수의 인간(man)에게 초점을 맞추고 한국에서 살아가는 다양한 복수의 인간들(men)을 배제한다.

이러한 가족주의적 정치관은 결국 그 안에서 살아가는 사람들을 동질화시킴으로써 집단과 집단의 차이를 두드러지게 만든다. 한국인은 일본인이 아니고 중국인이 아니다. 더더군다나 우리에게 낯설기 짝이 없는 이슬람 국가인 예멘인일 수는 없다. 문제는 이렇게 집단과 집단을 차별화할수록 내부의 차이도 용납될 수 없다는 것이다. 난민에게 적대적인 국가가 동성애주의자에게 관용적일 수 있겠는가. 이런 관점에서 아렌트는 우리가 단수의 인간을 다루는 한 모든 복수의 인간의 본질적 평등을 파괴한다고 말한다.

폴리스 같은 정치적 공동체가 자유와 평등의 공간이라면, 가정은 사실 부자유와 불평등의 공간이다. 우리가 가정에서 느끼는 포근함과 안정감은 사실 가족 구성원들의 동질감에서 온다. 가족 구성원들은 대체로 공동의 삶에서 비롯한 기억, 가풍으로 대변되는 취향과 가치를 공유하지만 평등하지는 않다. '화목한 가정'이라는 이상이 말해주는 것처럼 가정은 서로 뜻이 맞고 정다운 융화와 일치를 이루어야 하기 때문에 갈등과 경쟁을 허용하지 않는다. "자유의 결여는 가정에서 함께 살아가는 데 극히 중요한 완전한 통합의 전제조건인데, 이는 자유와 갈등이 폴리스의 공동체 생활을 위해 필수조건인 것과 같다."[5] '공적인 일(res publica)'을 중시하는 로마인들이 가정(familia)을 자유로울 수 없는 공간 또는 노예 상태로 파악했다는 사실은 많은 것을 시사한다. 한편으로는 가장이 구성원을 독재자처럼 통치하고 또 다른 한편으로는 갈등과 경쟁을 허용하지 않기 때문에 가정은 노예 상태와 같다는 것이다.

이런 관점에서 보면 난민에 대한 적대적인 태도는 국가를 일종의 동질적 가족으로 보는 것과 다를 바 없다. 난민은 우리의 문화적 동질성, 민족적 통일성 및 사회적 안정을 깨뜨리는 침입자로 인식된다. 이처럼 난민은 우리에게 정치적인 문제를 제기한다. 국가는 역사와 문화를 공유하는 일종의 가족인가, 아니면 자유롭고 평등한 시민들의 공동체인가? 난민은 실제로 '정치적' 문제이다. 아렌트적 의미에서 정치적 인간은 동시에 가장 자유로운 사람이다. 정치적 인간은 자신의 자유가 타인의 현존과 평등성에 의존한다는 사실을 잘 안다. 정치적 공간은 "서로 다른 개인들이 함께할 때에만 생길 수 있고, 그들이 함께 머물러 있는 동안에만 지속될 수 있는 공간이다." 타인을 허용하지 않는 공간은 진정으로 자유로운 공간이 아니다. "자유는 공간이며, 그곳으로 들어가도록 허용된 사람은 누구나 자유롭다. 배제된 사람은 누구든 자유롭지 않다."[6]

난민은 허용과 배제의 문제이다. 우리가 난민을 어느 정도 받아들일 수 있는가는 결국 우리의 정치적 공간을 얼마만큼 자유의 공간으로 구성할 것인가의 문제이다. 이동의 자유는 정치적 공간에서 결정적인 요소다. 그것은 가정에서 공론 영역으로 진입할 수 있는 이동의 자유이며, 인간의 기본 권리와 존엄을 억압하는 공간을 떠날 수 있는 자유이다. 난민은 '인종, 종교, 국적, 신분 또는 정치적 견해를 이유로 박해를 받을 수 있다고 인정할 충분한 근거가 있는 공포'로 인해 자신의 나라를 떠나 다른 나라에서 정치적 자유를 얻고자 하는 사람들이다. 이들은 자유로울 수 있는 공간이 허용되지 않은 사람들이다. 우리는 인간다운 삶의 권리와 자유를 박탈당한 사람들을 어떻게 대해야 할까?

아렌트는 건강한 정치적 공동체를 위해서는 신체적 이동의 자유만큼 정신적 이동의 자유도 중요하다고 말한다. 정신적 이동의 자유는 어떤 사태를 하나의 관점에서만 보지 않고 다양한 관점에서 바라볼 수 있는 능력에 기초한다. 난민 문제를 두고 찬성과 반대의 입장은 당연히 있을 수 있다. 난민 수용을 찬성한다고 하더라도 이를 해결하기 위한 현실적 문제는 대단히 복합적이다. 그러나 한 가지 분명한 것은 난민 사태를 계기로 우리 사회가 더욱 자유로운 사회로 발전할 수 있는 방향으로 해결되어야 한다는 점이다. 그것은 자유의 필수조건인 다양성을 늘리고 강화하는 방향이어야 한다. 우리가 우리 사회 안에 타자를 어느 정도 허용할 수 있을지는 모르지만, 진정한 자유 공동체를 실현하려면 다양한 관점을 볼 수 있어야 한다. 아렌트가 신체적 이동의 자유와 동시에 정신적 이동의 자유를 강조하는 까닭이 여기에 있다.

동일한 것을 다양한 관점에서 보는 능력은 인간 세계 안에 있다. 그것은 태어나면서 우리에게 주어진 관점을 같은 세계를 공유하는 다른 사람의 관점과 단지 교환하는 것이다. 그 결과 우리가 물리적 세계에서 누리는 이동의 자유와 평행하는 정신세계에서의 진정한 이동의 자유를 얻는다. 다른 사람을 설득하고 그에게 영향을 미칠 수 있는 능력, 즉 폴리스의 시민들이 정치적으로 상호작용하는 방식은 정신적으로든 신체적으로든 자기 자신의 관점이나 견해에 확고하게 얽매이지 않은 일종의 자유를 가정했다.[7]

**다원성을 자유의 토대로 인정하려면
우리는 다원성에서 비롯하는 갈등과 경쟁을 견뎌내야 한다.**

난민에 대한 의견은 극에서 극으로 갈린다. 한편에서는 난민의 수용이 이슬람주의자들의 테러 가능성과 범죄율을 높일 것이기 때문에 난민 유입을 적극 차단해야 한다고 주장하고, 다른 한편에서는 우리도 구빈 난민, 망국 난민 및 전쟁 난민을 경험한 국가이자 국제적 정치 공동체의 일원으로서 난민을 보편적 인류애의 관점에서 적극 수용해야 한다고 주장한다. 서로 다른 주장들이 때로는 극단적으로 대립하는 것을 보면 설득과 합의는 아득히 멀어 보인다. 극단적인 다양성은 그 자체가 혼돈이다. 다양한 의견의 난립과 충돌은 사람들을 불안하게 만들고, 불안한 시민들은 혼돈을 단번에 해결할 수 있는 사실과 진리를 찾는다.

민주주의는 다양성에서 출발하여 다양성을 합리적으로 조정할 수 있는 합의를 이끌어내는 제도이다. 물론 어떻게 합의를 이끌어낼 수 있는지 또 합의의 내용이 무엇일지는 예측할 수 없다. 사회적으로 제기되는 모든 문제에 대해 이미 정해진 답이 있다면, 우리는 생각할 필요도 없고 자신의 의견을 가질 이유도 없다. 미래의 결과가 예측 가능하다면, 인간의 행위는 근본적으로 불가능하다. 아렌트는 다원성이 가장 기본적인 인간 조건이라고 주장하면서 이렇게 말한다.

인간이 같은 모델을 무한 반복하여 재생산할 수 있고 그 모델의 본성과 본질이 어떤 물건의 특성이나 본질처럼 예측할 수 있는 것이라면, 행위는 불필요한 사치일 것이며 일반적인 행동법칙을 가지고 변덕스럽게 간섭하는 일에 불과할 것이다. 누구도 지금까지 살았고 현재 살고 있으며 앞으로 살게 될 다른 누구와 동일하지 않다는 점에서만 모든 인간은 동일하다. 이 때문에 다수성(plurality)은 인간 행

위의 조건이다.[8]

모든 일이 예측 가능하다면 행위는 '불필요한 사치'가 될 것이다. 우리가 행위를 할 수 있는 것은 다양한 사람과 더불어 살고, 이 사람들이 다양한 의견을 갖고 있으며, 따라서 전혀 예측할 수 없는 새로운 일을 시작할 수 있기 때문이다. 예측할 수 없는 미래는 우리를 불안하게 만든다. 불안한 사람들은 의견의 혼돈에서 그 이유를 찾고, 이를 해결할 수 있는 절대적 진리를 구한다. 다양성을 인정하지 않고 갈등과 충돌이 두려워 절대적 진리를 구한다면, 그것은 곧 정치를 떠나는 일이다.

사람들은 정치적 공동체에서 살면서도 종종 정치를 벗어나 살 수 있는 방법을 모색한다. 사람들은 행위자들이 다수라는 사실에서 오는 우연성과 예측 불가능성을 피해갈 수 있는 대체물에 유혹을 느낀다. 사람들은 되도록 뜻과 마음이 같은 사람들하고만 어울리려 하고, 자신의 신념에 일치하는 정보와 의견만 받아들이는 확증 편향을 강화한다. 어떤 사람이—자신이 동의할 수 있는—진리를 갖고 있다고 생각하면, 그가 설령 다원성을 파괴하더라도 통치해야 한다고 생각한다. 이렇게 플라톤의 철인 통치의 이상이 생겨났다.

행위의 불행은 모두 인간의 조건인 다원성에서 발생한다. 다원성은 공론 영역인 현상의 공간을 위한 필수조건이다. 그러므로 다원성을 제거하려는 시도는 언제나 공론 영역 자체를 제거하려는 시도와 같다. 다원성의 위험에서 벗어날 수 있는 가장 분명한 구제책은 군주제나 일인 통치다. 이것은 '전체에 대한 일인의 완전한 전제'에서 '자비로운 전제정치'를 거쳐 '다수'가 하나의 집합체를 형성하여 사람들이 '하나 속의 다수'이고 그들 스스로가 '군주'가 되는 여러 형태의 '민주제'에 이르기까지 다양하게 변형된다.[9]

'다원성의 책'이라고 해도 틀리지 않을 《인간의 조건(The Human Condition)》에서 아렌트는 다원성의 이중적 측면을 이렇게 요약한다. "결과의 예측 불가능성, 과정의 환원 불가능성 그리고 저자의 익명성"[10]과 같은 행위가 실패하는 세 가지 요인은 모두 다원성에서 기인한다. 이러한 장애를 극복하기 위해 사람들은 다원성을 제거하고 하나의 진리를 추구하지만, 그것은 결국 정치의 공간인 공론 영역을 파괴한다는 것이다. 그러므로 다원성을 자유의 토대로 인정하려면, 우리는 다원성에서 비롯하는 갈등과 경쟁을 견뎌내야 한다. 행위의 문제는 바로 다원성이다.

플라톤은 다양한 의견을 경멸하고 절대적 척도를 요구했다.
아렌트는 소크라테스를 소환함으로써
서양 역사에서 잊힌 다원성의 전통을 복원하려 한다.

서양의 역사에서 이러한 문제점을 가장 표본적으로 보여준 것이

소크라테스 사건이다. 아렌트는 플라톤에서 시작하는 서양의 전통을 거스르고 소크라테스를 다원성의 철학자로 복원한다. 다원성을 철저하게 파괴하고 새로운 시작을 불가능하게 만든 전체주의를 해부한 1951년의 《전체주의의 기원》과 다원성이라는 인간의 조건을 성찰한 1958년의 《인간의 조건》 사이에 이루어진 아렌트의 글들은 다원성의 관점에서 서양 정치철학의 전통을 재해석하고 있다고 해도 과언이 아니다. 이 글들 중에서 유독 눈에 띄는 것은 1954년 노터데임 대학교에서 강의했던 "소크라테스"[11]이다. 한나 아렌트의 정치철학에서 차지하는 소크라테스의 의미는 아무리 강조해도 지나치지 않다. 아테네 폴리스에서 이루어진 소크라테스의 정치 경험은 서양의 역사가 정치이론 또는 정치철학의 전통이 되는 분기점을 이룬다. 아렌트에 의하면 서양의 정치철학은 소크라테스의 재판과 죽음이라는 지극히 정치적인 사건에서 비롯되었다.

소크라테스 사건을 통해 철학은 정치와 대립한다. 플라톤은 스승 소크라테스의 죽음을 계기로 폴리스에 대한 믿음을 잃어버리고 소크라테스 사상의 토대인 다원성에 의문을 품기 시작했다. "소크라테스가 아테네의 시민들 중 더 지혜롭고 더 젊은 사람들에게는 그토록 명백하게 보였던 자신의 결백과 장점들로 심판관들을 설득해낼 수 없었다는 사실은 플라톤으로 하여금 설득의 타당성을 의심하게 만들었다."[12] 플라톤은 다양한 사람의 의견을 경멸하고, 인간의 행위를 판단할 수 있는 절대적 척도와 보편적 진리를 요구했다. 간단히 말해 플라톤은 다원성에서 비롯되는 행위의 문제를 마치 인식의 문제인 것처럼 파악함으로써 행위의 문제를 진리로 해결할 수 있다고 믿었던 것이다. 철인 통치는 하나의 보편적 진리로써 다양한 의견을 지배하는 것으로, 다원성에 대한 적대감의 산물이다.

플라톤은 정치에 대한 불신을 대변하는 인물이다. 그로부터 복수의 인간보다는 단수의 보편적 인간에 집중하고, 자유와 권력보다는 지배와 폭력을 정치의 핵심으로 파악하는 전통이 시작되었다. 아렌트에 의하면 "서양 정치철학의 아버지인 플라톤은 폴리스와 폴리스가 이해한 자유에 대해 다양한 방식으로 대립했다."[13] 그는 정치적 행위의 기준을 정치에서 이끌어내는 대신에 철학에 기초한 정치이론을 제시했던 것이다. 소크라테스가 아닌 플라톤이 서양 정치철학의 아버지가 됨으로써 고대 폴리스의 전통은 사라졌다.

> 낱말의 그리스적 의미에서 '정치'는 자유를 중심으로 한다. 여기서 자유는 부정적으로는 지배와 피지배가 아닌 것으로 이해되며, 긍정적으로는 복수의 사람에 의해서만 창조될 수 있고 또 각각의 사람이 자기 동료들 가운데 움직이는 공간으로 이해된다.[14]

고대의 폴리스에서 자유와 평등은 근원적으로 똑같이 중요하다. 평등을 의미하는 고대 그리스어 '이소노미아(isonomia)'는 지배자와 피지배자의 구별이 없는 상태를 일컫는다. 이소노미아는 법적 활동을 동등하게 주장할 수 있는 자유이다. 자신의 권리를 주장하기 위해서는 자신의 의견을 "말할 수 있는 평등한 권리(the equal right to

© 한국일보 김영헌 기자

의료 검사를 기다리는 제주도의 예멘 난민

"자유는 공간이며,
그곳으로 들어가도록 허용된 사람은 누구나 자유롭다.
배제된 사람은 누구든 자유롭지 않다."

– 《정치의 약속》 중에서

speak)"가 필요하다. 이것이 바로 이소노미아이다. 자신의 의견이 진리라고 주장하는 사람조차도 말을 하려면 자신과 동등한 다른 사람들이 필요하다. 이처럼 다원성은 자유와 평등의 전제조건이다.

아렌트는 소크라테스를 소환함으로써 서양의 역사에서 잊힌 다원성의 전통을 복원하려 한다. 플라톤은 이런 다원성을 짜증스럽게 생각했다. 다원성은 철학자가 고독 속에서 도달하게 될 인식을 방해하기 때문이다. 소크라테스가 항상 시장을 피하지 않고 기꺼이 사람들 속에 머물렀다는 사실은 많은 것을 시사한다. 그가 어떤 작품도 남기지 않고 대화로만 전해진다는 것은 이미 보편적 진리를 주장하는 대신 정치적 담론을 선호했음을 웅변한다.[15] "내가 알고 있는 것은 내가 아무것도 모른다는 사실"이라는 소크라테스의 역설은 다원성의 정치를 대변한다. 소크라테스는 동료 시민들을 가르치려 들지 않고 그들과 함께 일시적이고 잠정적인 진리를 찾으려고 했다.

이에 반해 플라톤은 영원한 진리가 도시를 지배해야 한다고 생각한다. 이러한 일인 통치는 다른 사람이 필요하지 않기 때문에 "진리의 폭정(tyranny of truth)"[16]이다. 독선과 독재는 이렇게 일맥상통한다. 폭정과 전체주의 정권은 결코 다원성을 허용하지 않는다. 그러나 우리는 아무리 부인하려고 해도 다원주의 시대에 살고 있다. 왜냐하면 "진리와 의견을 구별하는 가시적인 표지는 어디에도 없기 때문이다. 이는 마치 영원한 것이 인간 한가운데 들어오자마자 일시적인 것이 되고, 다른 사람들과 그것을 토론하는 것 자체가 이미 지혜를 사랑하는 사람들이 활동하는 영역의 존재 자체를 위협하게 되는 것과 같다."[17] 사람들은 정치에 혐오를 느껴 철학으로 도피하지만, 이 세상을 지배하는 것은 결국 정치이다. 우리가 다원성을 진지하게 받아들여야 하는 이유이다.

<u>너무 많은 의견 속에서 진리를 찾기는 무척 어렵다.</u>
<u>다원성이 버거울수록 여론을 진리로 받아들이고 싶은 유혹에 빠진다.</u>
<u>그러나 그것은 하나의 의견만 절대화하는 전체주의의 유혹이다.</u>

아렌트가 인간의 조건으로 제시하는 다원성은 개인의 의견을 통해 드러난다. 의견은 개인이 특정한 대상에 대해 갖는 입장과 관점을 말한다. 의견은 진리가 아니라 진리라고 여겨지는 것이다. 우리는 특정한 시간에 태어나 언젠가는 죽을 수밖에 없기 때문에 결코 삶 전체를 파악할 수 없다. 우리가 세상을 자신의 관점에서 볼 수밖에 없는 이유가 여기에 있다. 무엇이 정의이고, 어떤 것이 불의인가를 분명하게 말할 수 있는 사람이 어디에 있겠는가? 철학은 모든 인간에게 타당한 보편적 진리를 탐구한다고 말하지만, 이러한 진리를 공론화하는 순간 여러 의견 가운데 하나가 되어버린다. 이러한 의견의 다양성이 바로 정치의 출발점이다. 다양한 의견 가운데 어떻게 모두가 잠정적으로 동의하는 합의를 이룰 수 있는가? 이것은 정치의 핵심 문제이다.

정치적 논의에서 가장 중요한 것은 누구도 진리를 갖고 있지 않다는 소크라테스적 무지의 평등주의이다. 나도 모르고 너도 모른다는 태도는 합의를 이룰 수 있는 최대의 조건이다. 나도 모르고 너도 모르지만 각자가 자신의 의견을 갖고 있기 때문에 우리는 함께 살아갈 수 있는 것이다. 아리스토텔레스가 《정치학(Politika)》에서 "국가는 다수의 사람뿐만 아니라 여러 종류의 사람들로 구성되어 있다. 서로 같은 사람들로는 국가가 만들어질 수 없기 때문이다."[18]라고 말할 때 공동체를 구성하는 차이와 다원성은 두말할 나위 없이 의견으로 표현된다.

그렇다면 서로 다르고 동등하지 않은 사람들로 구성된 정치적 공동체가 어떻게 자유와 평등을 실현할 수 있는가? 공동체는 항상 구성원의 평등화를 통해 존재한다. 아렌트는 고대 폴리스에서도 이러한 정치적 평등화가 의견의 교환 행위에서 발생한다고 본다. 폴리스에서 이루어지는 정치적 평등화는 바로 우정이다. 우정은 친구들이 서로 같아지거나 동등해진다는 것이 아니라 공동의 세계에서 동등한 파트너가 된다는 의미라면 우리는 설령 다른 의견을 갖고 있다고 하더라도 우정을 통해 잠정적 합의에 이를 수 있다.

우정의 정치적 요소는 진실한 대화 가운데 친구들이 상대방의 의견에 내재된 진리를 이해할 수 있다는 것이다. 한 인격이 단순한 친구 이상의 존재라면 그 친구는 비록 한 인격으로서는 영원히 동등하지 않고 다르겠지만, 그 친구에게 공통의 세계가 어떻게 나타나고 또 구체적인 모습으로 보이는지를 이해하게 된다. 세계를 다른 사람의

관점에서 보는 이런 이해는 최고 수준의 정치적 통찰이다.[19]

국가를 우정의 공동체로 파악하는 아렌트의 입장은 너무 이상적
으로 보일지도 모른다. 그렇지만 여기서 우정은 다른 사람을 자신의
의견을 말할 수 있는 평등한 권리를 가진 동료 시민으로 본다는 의
미일 뿐이다. 모두가 자신의 의견을 갖고 있지만, 다른 사람을 함께
살아갈 친구로 여긴다면 우리는 자신의 관점만 고집하지 않고 다른
사람의 관점에서 바라볼 수 있게 된다. 이것이 정치적 합의의 가능
성이다.

의견에는 상식적 합의의 가능성이 내재한다는 것이 소크라테스
와 아렌트의 출발점이다. 첫째, 우리가 공유하는 동일한 세계가 모
든 사람에게 열려 있다. 모든 사람은 자신에게 보이는 것만큼 세계
에 관해 말할 수 있다. 그것이 바로 그의 의견이다. 의견에 해당하는
그리스어 '독사(doxa)'는 동사 '도케인(dokein)'에서 유래하는데, 이 말
은 본래 '나타나다(to appear)', '보이다(to seem)'의 뜻을 갖고 있다. 사
람들이 "나에게 그렇게 보이는 것(dokei moi)"을 말로 표현한 것이 바
로 의견이다. 둘째, 세계는 모든 사람에게 그들이 그 안에 선 위치에
따라 다르게 열린다. 같은 사태도 고용인과 피고용인의 관점에 따라
다르게 평가되고, 지배자와 피지배자의 입장에 따라 의견은 갈라진
다. 셋째, 세계의 동일성은 의견의 차이가 있더라도 우리는 모두 자
유롭고 평등한 인간이라는 사실에 있다. 세계가 어떤 사람에게는 나
타나고 어떤 사람에게는 나타나지 않는 것이 아니다. 어떤 사람에게

는 특정한 면이 보이고 어떤 사람에게는 다른 면이 보일 뿐이다. 그러므로 우리가 합의에 이르려면 의견을 교환해야 한다. 만약 우리가 의견을 교환하지 않고 소통하지 않는다면, 우리는 다른 사람을 평등한 인간으로 대하지 않는 것이다.

> 독사(doxa) 자체는 정치 영역과 연관되는데, 정치 영역은 누구나 나타나서 자기 자신이 어떤 사람인지를 보여줄 수 있는 공적 공간을 말한다. 자신의 의견을 주장한다는 것은 다른 사람이 듣고 보도록 자기 자신을 나타낼 수 있는 능력에 속한다.[20]

다양한 사람이 자신의 의견을 교환하는 공간이 정치적 영역이다. 아렌트가 사적인 공간에서의 삶을 인간에게 본질적인 능력인 정치적 능력을 빼앗긴 바보 같은 삶으로 파악한 것처럼, 아무리 진리에 가까운 의견을 갖고 있다고 하더라도 다른 사람에게 표현하지 않으면 사적인 삶을 살고 있는 것이다. 아렌트는 "말로 표현할 수 없는 진리가 존재할 수도 있다."고 인정하지만, "이 세계에서 행위 하며 살아가는 다수의 인간은 서로 소통하고 또 자신과 타인에게 통하는 말을 할 때에만 의미를 경험할 수 있다."[21]고 강조한다.

그렇다면 우리는 어떻게 의견 속에서 의미 있는 진리를 찾을 수 있을까? 아렌트는 다른 사람과 의견을 교환하면서 상대방이 스스로 자신의 모순을 깨닫도록 도와주는 소크라테스의 산파술을 소통의 모델로 제시한다. 우리는 한편으로 다른 사람이 세계를 어떻게 보는

지를 미리 알 수 없기 때문에 질문부터 해야 하며, 다른 한편으로 다른 사람의 질문 없이는 자신의 의견에 들어 있는 모순과 진리를 알 수 없다. 그러므로 소크라테스와 아렌트의 관점에서 보면 정치적 공동체에서 중요한 것은 진리를 말하는 것이 아니라 진실하게 말하는 것이다. 우리는 단순히 독자적으로 존재하는 것이 아니라 다른 사람들에게 나타나는 존재이다. 그렇기 때문에 자신의 의견을 진실하게 말한다는 것은 자기 자신과 모순되지 않고 일치한다는 것을 말한다. 자유를 최고의 가치로 생각하는 사람이 타자를 완전히 배척하는 의견을 제시한다면, 그것은 모순이다. 그렇기 때문에 소크라테스는 "당신이 다른 사람에게 보이고 싶은 존재가 되라(Be as you would like to appear to others)."[22]라고 권유한다. 자기 자신과 일치하려면 다른 사람이 필요한 것이다.

문제의 진실은 모든 의견이 동일해지는 곳에서는 의견이 형성될 수 없다는 점이다. 누구도 다른 사람이 제기한 다양한 의견의 혜택 없이 자신의 의견을 형성할 수 없기 때문에, 여론의 지배는 의견을 공유하지 않을 정도의 영향력을 가진 소수의 의견까지 위태롭게 만든다.[23]

자신의 의견을 갖지 못한 사람은 여론을 따른다. 의견은 그것을 서로 교환하는 과정에서 검증되기 마련인데, 여론은 다수의 이름으로 의견의 형성을 방해한다. 세계가 하나의 정치적·문화적 공동체로 변하면서 우리는 오늘날 예전에는 미처 알지 못했던 다양한 문화와 가치와 의견을 경험한다. 이러한 세계의 다원성이 어떤 사람에게는 대단히 불편할 수 있다. 실제로 너무나 많은 의견 속에서 진리를 찾는다는 것은 상당히 어려운 일이다. 다원성이 버거울수록 우리는 많은 사람이 동의하는 의견을 진리로 받아들이고 싶은 유혹에 빠진다. 그러나 그것은 다수의 이름으로 하나의 의견만 절대화하는 전체주의의 유혹이다.

일부의 다수이든 사회 전체의 다수이든 관계없이 다수는 하나의 의견을 형성하지 못한다. 사람들이 다른 사람들과 자유롭게 의사소통을 하고 자신들의 견해를 공표할 권리를 갖고 있는 곳에서만 의견들이 발생할 것이다.[24]

정치의 의미는
자유이다.

The meaning
of politics is
freedom.

우리의 자유는
다른 사람들과
'함께할' 때만
실현할 수 있다.

6
우리는 무엇을 위해 자유로운가?

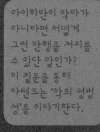

아이히만이 악마가
아니라면 어떻게
그런 만행을 저지를
수 있단 말인가?
이 질문을 통해
아렌트는 '악의 평범
성'을 이야기한다.

사고가 악을 다루는 순간, 사고는
좌절한다. 거기에는 아무것도 없기
때문이다.

The moment it concerns itself
with evil, it is frustrated
because there is nothing.

Amor
mundi

아렌트가 가장 어두운
시대를 경험했으면서도
세계는 변할 수 있다는
희망을 잃지 않은
이유는 무엇일까?

"그러나 역사에서 모든 종말은 반드시 새로운 시작을 포함하고 있다는 진리는 그대로 유효하다. 이 시작은 끝이 줄 수 있는 약속이며 유일한 '메시지'이다. 시작은, 그것이 역사적 사건이 되기 전에 인간이 가진 최상의 능력이다. 정치적으로 시작은 인간의 자유와 동일한 것이다. '시작이 있기 위해 인간이 창조되었다'고 아우구스티누스는 말했다. 새로운 탄생이 이 시작을 보장한다. 실제로 모든 인간이 시작이다."[1]

······
·
·
·
·
·
·
·
·
·
·
·

절망의 한가운데서도 무엇인가를 시작할 수 있는 것이 인간이다.
시작할 미래가 없다면, 무엇인가 시작할 수조차 없다면,
우리는 인간성을 완전히 빼앗긴다.

　정치는 우리가 다른 사람들과 함께 무엇인가를 시작하는 것이다. 시작이 없는 곳에는 정치가 없으며, 정치 없이는 아무것도 시작할 수 없다. 우리가 사적인 이해관계를 넘어 다른 사람들에게도 영향을 미치는 공동의 문제에 관심을 갖게 되면, 우리는 이미 정치적이다. 영원히 이어질 것 같았던 남북한의 적대관계를 끝내고 궁극적으로는 통일을 가져올 평화 프로세스를 시작하는 것이 획기적인 정치 행위임을 부인할 사람은 없다. 지구 위에 살아가는 모든 사람의 삶을 위협하는 기후변화에 적극 대처하여 계속 이어갈 수 있는 성장 모델을 찾는 것 역시 중대한 정치 행위이다. 물질적 풍요와 함께 끊임없이 황폐한 삶을 만들어내는 자본주의의 모순을 극복할 수 있는 경제

적 대안을 모색하는 것도 정치적 행위이다. 폭력과 환경오염과 새로운 빈곤을 완전히 해결할 수는 없다는 것을 설령 충분히 알고 있을지라도, 좀 더 나은 삶을 위해 무엇인가를 공동으로 시작할 때 비로소 정치는 시작한다.

우리가 정치를 강렬하게 요청할 때는 사실 무엇인가를 시작할 수 있는 길이 막혀 있을 때이다. 정치적으로 모든 것이 억압되고 아무것도 할 수 없는 전체주의 상태가 아니라도 우리는 때때로 이런 상황을 경험한다. 휴머니즘의 시각에서 현실 문제를 예리하게 파헤치는 소설가인 찰스 디킨스(Charles Dickens)가 《두 도시 이야기(A Tale of Two Cities)》에서 그리고 있는 것처럼 희망이 곧 절망인 상태가 그런 상황이다. "그때는 희망의 봄이었고, 절망의 겨울이었다. 우리 앞에는 모든 것이 있었고, 우리 앞에는 아무것도 없었다. 우리는 모두 천국으로 향하는 동시에 반대의 방향으로 향하고 있었다." 사회의 극단적인 양극화로 인해 눈부신 경제성장의 혜택이 몇몇 가진 자에게 집중되어 수많은 사람은 아무리 노력해도 되는 것이 없는 절망의 상태에 빠져 있다면, 사람들은 어떻게 자신의 삶을 시작할 수 있는가?

이 물음은 우리를 곧바로 한나 아렌트로 이끈다. 인간의 자유는 근본적으로 우리가 태어난다는 사실과 결합되어 있다는 전제에서 출발하여 인간 행위의 성격을 독창적으로 해석한 철학자가 바로 아렌트이기 때문이다. 우리가 아렌트라는 이름을 들으면 곧바로 떠올리는 '악의 평범성'만큼이나 아렌트의 정치사상을 대변하는 것이 '탄생성(natality)'이라는 매우 생소한 개념이다. 탄생성은 실제로 아렌트가 《인간의 조건》에서 발전시킨 정치적 인간학의 핵심이라고 해도 과언이 아니다. 전통 철학이 인간은 언젠가 죽을 수밖에 없다는 '사 멸성(mortality)'에 주로 초점을 맞추었을 뿐만 아니라, 아렌트에게 많 은 영향을 준 마르틴 하이데거(Martin Heidegger)가 인간은 죽음을 향 한 존재라는 사실에서부터 인간의 고유한 실존 양식을 발전시키려 했다는 점을 생각하면, 아렌트의 탄생성은 정치적 행위에 새로운 의 미를 부여하는 중요한 관점 전환이다.

왜 한나 아렌트는 인간의 탄생성에 주목한 것일까? 아렌트의 이름 과 깊이 연관된 두 주요 저작의 관계는 이 물음에 대한 단서를 제공 한다. 《전체주의의 기원》은 인간의 탄생성에 관한 아우구스티누스의 말은 인용함으로써 끝을 맺고, 《인간의 조건》은 탄생성을 출발점으 로 삼아 정치적 행위의 인간 조건을 해명한다.

> 시작은, 그것이 역사적 사건이 되기 전에 인간이 가진 최상의 능력
> 이다. 정치적으로 시작은 인간의 자유와 동일한 것이다. '시작이 있
> 기 위해 인간이 창조되었다'고 아우구스티누스는 말했다. 새로운
> 탄생이 이 시작을 보장한다. 실제로 모든 인간이 시작이다.[2]

우리가 절망의 한가운데서도 희망을 가질 수 있는 것은 인간이 존 재하는 한 항상 새로운 시작은 가능하다는 믿음이 있기 때문이다. 모든 종말은 반드시 새로운 시작을 포함하고 있다는 진리는 출구가 보이지 않았던 전체주의 시대에 유일한 희망의 원천이었을 것이다.

죽음의 수용소에서 살아남은 빅토어 프랑클(Viktor Frankl)은 "믿음을 상실하면 삶을 향한 의지도 상실한다."[3]고 말한다. 우스꽝스럽게 헐벗은 자신의 생명 외에 잃을 것이 아무것도 없다는 사실을 깨달을 때 사람은 어떻게 인간 존엄을 지킬 수 있는가?

절망의 한가운데서도 무엇인가를 시작할 수 있는 것이 바로 인간이다. 시작할 미래가 없다면, 무엇인가 시작할 수조차 없다면 우리는 인간성을 완전히 빼앗긴다. "미래에 대한 믿음을 잃어버린 수감자는 불운한 사람이다. 미래에 대한 믿음을 잃어버리는 것과 더불어 그는 정신력도 상실하게 된다. 그는 자기 자신을 퇴화시키고, 정신적으로나 육체적으로 퇴락의 길을 걷는다."[4] 아렌트가 《전체주의의 기원》에서 시작이 있기 위해 인간이 창조되었다는 말에 희망을 거는 것은 바로 이 때문이다.

탄생성은 '시작할 수 있는 능력'의 뿌리이다.
고착되어 변하지 않는 것처럼 보이는 현상을 깨뜨리는 능력,
제도의 경직성을 깨뜨리고 새로운 미래의 가능성을 탐색하는 능력이다.

우리가 무엇을 시작한다는 것은 가장 인간다운 정치적 행위이다. "우리가 행위를 할 때 우리는 무엇을 하고 있는가?"라는 핵심 주제를 다루는 《인간의 조건》은 《전체주의의 기원》에서 제기된 '탄생성'의 화두를 이어받는다. 아렌트는 20세기 인류가 겪은 전체주의의 실

체와 공포를 고려해 인간의 조건을 철저하게 사유한다. 아렌트에 의하면 "인간의 조건에서 비롯되어 인간의 조건 자체가 변하지 않는 한 결코 잃어버릴 수 없는 영속적이며 일반적인 인간 능력"[5]은 바로 탄생성에 기반을 둔 시작할 수 있는 능력이다.

> 탄생에 함축된 새로운 시작은 새내기가 어떤 것을 새롭게 시작할 능력, 즉 행위능력을 가질 때에만 생각할 수 있다. 이와 같이 창발성의 의미에서 행위의 요소, 즉 탄생성의 요소는 인간의 모든 활동에 들어 있다. 더욱이 행위는 정치적 활동 그 자체이기 때문에 사멸성이 아닌 탄생성은 정치적 사상의 핵심 범주가 된다.[6]

인간의 가장 일반적인 조건은 두말할 나위도 없이 탄생과 죽음이다. 우리는 개인의 생존과 인류라는 종의 보존을 위해 '노동'을 하고, 덧없는 인간의 유한한 삶에 어느 정도의 지속성을 부여할 인공물을 만들기 위해 '작업'을 하며, 이 모든 것을 가능하게 할 정치적 공동체에 참여하는 '행위'를 한다. 아렌트가 인간의 가장 일반적인 실존 조건인 '탄생성'과 '사멸성' 중에서 탄생성을 선호한 것은 전체주의의 경험 때문임이 분명하다.

우리가 태어나야 무엇인가를 시작할 수 있고, 우리가 시작하기 위해 태어난다는 것은 탄생의 비유가 갖는 힘이다. 아렌트는 종종 탄생과 기적을 비유하기도 하지만, 탄생성의 개념은 물론 이 비유에 머물지 않는다. "인간사의 영역인 세계를 정상적이고 자연적인 황폐화에서 구원하는 기적은 결국 다름 아닌 탄생성이다. 존재론적으로 이 탄생성에 인간의 행위능력이 뿌리박고 있다. 달리 말해 기적은 새로운 인간의 탄생과 새로운 시작, 즉 인간이 탄생함으로써 할 수 있는 행위다. 이 능력을 완전히 경험하는 것만이 인간사에 희망과 믿음을 부여할 수 있다."[7]

아렌트는 탄생성을 "시작할 수 있는 능력(the capacity of beginning)"의 뿌리로 서술한다. 여기서 시작할 수 있는 능력은 고착되어 변하지 않는 것처럼 보이는 현상(status quo)을 깨뜨리고 혁신하는 능력을 말한다. 우리의 일상적 삶은 사실 아무런 새로움 없이 냉혹하게 반복된다. 이러한 자동적 과정을 중단시키는 것이 바로 시작의 능력이다. 혁명으로 시작된 개혁은 일정 기간이 지나면 쉽게 변하지 않는 제도로 굳어지고 혁신을 방해하는 관료제로 바뀌는 경향을 갖고 있다. 이러한 제도의 경직성을 깨뜨리고 새로운 미래의 가능성을 탐색하는 것 역시 시작의 능력이다. 탄생성이 정치적 행위의 핵심 범주인 이유이다.

전체주의를 경험한 아렌트가 이 세계에 대한 믿음과 희망을 갖기 위해 발전시킨 탄생성은 동시에 우리 사회에 여전히 잠재하고 있는 전체주의의 경향을 간파할 수 있는 잣대가 되기도 한다. 개인의 시작할 수 있는 능력을 총체적으로 억압하고 파괴하는 사회가 전체주의라면, 우리는 이러한 능력이 사회적 기제에 의해 어떻게 훼손되고 억압되는지에 주목할 필요가 있다. 탄생성의 관점에서 좋은 사회는 개인이나 사회 전체에 대해 미래가 열려 있는 사회이다. 비유적으로 표현하면, 그것은 우리가 기꺼이 아이를 낳아 기르고 싶은 사회이다.

우리나라는 지난 반세기 동안 높은 경제성장을 이루었는데도 불행이 만연한 사회이다. 불행은 무엇인가를 새롭게 시작할 수 있는 능력을 빼앗긴 데서 비롯된다. 점점 더 많은 존재를 쓸모없는 잉여 인간으로 만드는 잉여사회는 높은 자살률과 낮은 출산율로 나타난다. '2018 OECD 보건 통계' 자료에 따르면 한국의 자살률은 2016년 기준 인구 10만 명당 25.8명으로, OECD 국가 평균 11.6명보다 높은 수치로 독보적 1위를 유지하고 있다. 출산율의 하락은 더욱 심각하다. 인구보건복지협회가 유엔인구기금(UNFPA)과 함께 발간한 '2018 세계 인구 현황 보고서'에 따르면 한국의 합계출산율은 1.3명이다. 이는 세계 평균 2.5명을 훨씬 밑도는 수치로 꼴찌에서 세 번째이다. 2018년도 통계청 인구동향조사에 따르면 합계출산율이 2분기에 0.97명, 3분기에 0.95명으로 사상 처음 1명 미만으로 떨어졌다. 그 밖의 수많은 지표가 오늘날 한국 사회가 살 만한 사회가 되지 못한다는 것을 여실히 보여주고 있다.

세계에서 유일하게 전체주의가 유지되고 있는 우리의 이웃 북한만 사람 살 곳이 못 되는 줄 알았는데, 자본주의와 민주주의가 발전한 대한민국에서 도대체 무엇이 잘못되었기에 이런 상황에 처한 것일까? 모든 인간을 잉여존재로 만드는 전체주의의 정권이 몰락했는데도 여전히 잉여사회가 거론되는 이 역사의 모순을 어떻게 이해할 수 있을까? 이런 질문이 한나 아렌트의 정치사상을 소환하는지도 모른다. 괴물처럼 변형된 한국 사회의 모순을 예리하게 파헤친 최태섭의 책《잉여사회》의 마지막 문장이 새로운 시작의 가능성에 희망을 건다는 사실이 이를 웅변한다. "자신의 존재에 대한 최소한의 확신만 있다면 우리는 결코 깨어지는 것을 두려워하지 않을 것이니, 그 수많은 마찰과 파형들을 우리들의 새로운 일부로 기꺼이 받아들일 수 있으리라. 바로 그 깨어짐 속에서 진정으로 새로운 무언가가 등장할 것이라고 믿는다. 우리들은 잉여다. 그리고 우리들은 가능성이다."[8] 이제 이 가능성이 어떻게 정치적 행위로 이어질 수 있는지 아렌트에게 들어본다.

우리가 이 세상에 탄생한다는 것은 무엇을 의미하는가?
탄생은 이미 다수의 사람이 살고 있는 세계 속으로 던져진다는 의미이다.

한나 아렌트가 정치 철학의 핵심 범주로 제시하고 있는 탄생성을 정확하게 이해하려면, 탄생의 현상과 의미를 살펴볼 필요가 있다. 우리가 이 세상에 탄생한다는 것은 무엇을 의미하는가? 탄생은 이미 다수의 사람이 살고 있는 세계 속으로 던져진다는 의미이다. 우리는 무엇인가를 시작할 때 아무것도 없는 상황에서 시작하지 않는다. 인간의 모든 행위는 결코 '무에서의 창조(creatio ex nihilo)'가 아니다. 때로는 삶의 의미를 부여하지만 때로는 우리의 행위를 억압하는 전통과 역사가 시작의 전제조건이 된다. 제도와 관습이 너무나 억압적이어서 아무런 출구가 보이지 않는 것 같은 상황조차도 시작의 출발점이 될 수 있다. 한나 아렌트는 탄생성을 다수성과 결합시킨다. "행위는 다수성이라는 인간의 조건, 즉 한 인간이 아니라 다수의 인간이 이 지구상에 살고 세계에 거주한다는 사실과 일치한다."[9]

한 사람이 아니라 다수의 사람이 우리의 공동체를 이룬다는 것이 왜 그렇게 중요할까? 개인주의가 팽배한 현대사회에서 다수성은 종종 갈등의 원천으로 여겨지지만, 사실 다수성 없이는 어떤 정치적 행위도 이루어지지 않는다. 정치적 행위에서 일사불란함은 결코 좋은 것이 아니다. 한 올의 실도 엉키지 않은 것처럼 질서가 잡혀 있어서 흐트러지지 않은 상태는 어떤 차이와 갈등도 허용하지 않는 독재와 전체주의를 불러오기 때문이다. 모든 사람이 똑같이 생각하고 똑같이 행동하는 숨 막히는 상황을 상상해본다면, 새로운 사람의 출현은 억압적인 제도와 상황을 깨뜨릴 가능성을 의미한다. 새로운 아이가 탄생한다는 것은 바로 새로운 가능성이 열렸다는 의미이다.

한나 아렌트가 《전체주의의 기원》을 쓰면서 탄생성에 주목하게 된 것은 결코 우연이 아니다. 아렌트는 1950년 이후 항상 복수로 존재하는 '사람들(men)'과 단수의 유일한 종인 '인간(man)'의 근본적 차이에서 출발하여 정치를 재정립하려고 시도한다. 여기서 아렌트는 서양의 전통적 정치사상이 이러한 차이를 전적으로 무시한다고 비판한다. 전통적 정치사상은 사람들을 동일한 종의 다양한 견본으로 여겨 모든 인간은 동일하다는 관점에서 정치를 파악했다는 것이다. 다수성의 무시와 부정은 인간을 정치적 동물로 규정하고 인간의 본성을 해명하고자 한 아리스토텔레스에게서뿐만 아니라 인간이 신의 형상대로 창조되었다고 보는 기독교적 인간관에서도 잘 나타난다.

이처럼 전통 정치사상이 인간의 동일성에 초점을 맞추었다면, 아렌트는 차이와 다수성을 본질이라고 생각한 것이다. 전통 정치사상에 대한 아렌트의 반대는 매우 간단하고 명료하다. "(단수의) 인간은 비정치적이다. 정치란 사람들 사이에서(between men), 즉 단수의 인간 외부에서(outside of man) 발생한다. 그러므로 참된 정치적 실체 같은 것은 존재하지 않는다. 정치란 인간들 사이에 놓여 있으며, 관계로서 성립된 것 안에서 일어난다."[10] 그러나 정치가 사람들 사이에서 일어나는 행위라거나 사람들 사이의 관계와 연관이 있다는 견해는 사실 정치의 본질에 대해 많은 것을 말해주지 않는다.

정치가 다수성에 기반을 두고 있는 것은 사실이지만, 여럿이 모여 있다고 정치가 되는 것은 아니다. 아렌트의 탄생성 개념이 의미가 있는 것은 바로 이 지점이다. 아우구스티누스의 《신국론(De civitate Dei)》에 대한 아렌트의 언급은 탄생성과 다수성의 관계를 잘 말해준다. 신은 첫 번째 인간으로 창조한 한 사람으로 세계를 시작했는데, 동물의 경우에는 다수의 무리 속에 살도록 명령했다고 한다. 아우구스티누스는 이 말 다음에 《전체주의의 기원》의 마지막 문장이 되는 유명한 말을 남긴다. "시작이 있기 위해 인간이 창조되었다."

사람들과 함께 시작이 세계에 존재하게 되었다. 인간적 자발성의 신성한 성격이 이에 바탕을 두고 있다. 복수의 사람들로서 사람들을 말살하는 전체주의는 그들의 자발성을 말살하는 것이다. 이것은 동시에 창조로서의, 즉 시작을 정립한 것으로서의 창조를 뒤집는 것을 의미한다. 사람들을 파괴하려는 시도와 본성을 파괴하려는 시도 사이의 연관성이 어쩌면 여기에 있다.[11]

사람들이 자신의 삶을 시작할 수 있는 자발성과 창발성에 기여하는 정치는 좋은 정치이고, 이러한 자발성을 줄이거나 파괴하는 정치는 나쁜 정치이다. 자발성은 인간의 복수성이 보장될 때 가능하다. 이런 점에서 아렌트는 어떤 형태로든—그것이 인류이든 아니면 역사의 주체이든—인간의 복수성을 하나의 인간 주체로 변형시키는 것을 경계한다. 정치가 역사로 변형되는 순간, 즉 다수의 사람이 하나의 역사 주체인 인류로 용해되는 순간 오히려 다수의 자발성을 파괴하는 야만이 시작된다. "이것은 역사의 야수적이고 비인간적인 측면의 원천으로, 이러한 역사는 처음으로 정치 안에서 그 완전하고도 잔인한 목적을 완수한다."[12] 역사라는 이름으로 인간의 복수성을 파괴하는 것이 바로 야만과 비인간성의 원천이다.

아렌트가 정치의 기본 조건으로 규정하고 있는 다원성에 의미를 부여하는 것은 바로 탄생성이다. 아렌트에 의하면 오직 동물만이 복수로 창조되었다. 인간이 인간으로 존재할 수 있는 것은—아렌트의 아우구스티누스 해석에 의하면—신이 단수의 인간으로 창조했기 때문이다. 신이 여러 사람이 아니라 한 사람, 즉 아담을 창조한 것은 인간이 자신의 삶을 스스로 시작할 수 있게 하기 위해서이다. "신이 인간(men)의 다원성을 창조했다는 말은 모든 사람이 서로 절대적으로 다르다는 것을 표현한다. 이 같은 절대적 차이는 민족, 국민 또는 인종 간에 존재하는 상대적 차이보다 훨씬 더 크다. 그런데 이 경우에 정치가 할 수 있는 역할은 사실상 없다. 시작부터 정치는 절대적으로 다른 사람들을 그들 사이의 상대적 평등성을 목적으로, 그들의 상대적 차이들에 대비하여 조직한다."[13] 동물들 사이에는 결코 절대적 차이가 존재하지 않는다. 동물들은 단지 다수로 존재할 뿐이다. 이에 반해 인간들은 절대적으로 서로 다른 존재이기 때문에 다른 존재의 출현, 즉 탄생은 항상 새로운 시작을 의미한다.

자기보존만 추구하는 삶은 결코 좋은 삶이 아니다.
자유를 추구하는 삶, 무엇인가를 시작하는 삶이 좋은 삶이다.

인간의 탄생이 출산이라는 생물학적 사건 이상의 의미를 갖는 것은 시작할 수 있는 능력 때문이다. 탄생을 단지 출산으로 이해하면 아렌트가 의미하는 시작이 아니다. 출산은 자동적으로 반복되는 과정을 중단시키고 현상을 파괴하기보다는 오히려 생명의 필연적 순환과정일 뿐이다. 그렇기 때문에 출산은 아렌트가 말하는 탄생의 정반대라고 할 수 있다.

자연과 살아 있는 모든 사물이 강제로 떠밀려 들어가는 자연의 주

UN 본부에서 연설하는 인권운동가 말랄라 유사프자이

"말과 행위를 통해 우리는 인간의 세계에 참여한다.
참여는 제2의 탄생과 비슷하다."

- 《인간의 조건》 중에서

기적 운동은 우리가 이해하는 의미에서의 탄생도 죽음도 알지 못한
다. 인간 존재의 탄생과 죽음은 단순히 자연적 사건이 아니라 세계
와 관련되어 있다. 고유하고 대체하거나 복제할 수 없는 실재인 유
일한 개인들이 이 세계에 왔다가 이 세계를 떠난다. 탄생과 죽음이
전제하는 것은 부단한 운동 속에 있지 않지만, 그 지속성과 상대적
영속성 때문에 나타남과 사라짐을 가능하게 하는 세계다.[14]

인간의 탄생은 다른 동물의 생식이나 출산과는 질적으로 다르다.
다른 동물에서 출산을 통해 존재하는 새끼는 동일한 종의 다른 표본
으로서 대체할 수 있지만, 인간의 탄생은 대체될 수 없는 유일한 개
인의 출현을 의미한다. 오늘날 인구를 경제력의 핵심 자원으로 파
악하고 출산율을 높이려는 생명정치는 이런 점에서 많은 것을 생각
하게 만든다. 아렌트는 출산과 인구 조절처럼 단순히 생명만 다루는
것은 행정의 문제이고 진정한 정치가 아니라고 생각한다. 진정한 정
치는 새롭게 탄생한 사람들이 대체될 수 없는 유일한 존재로서 자신
의 삶을 시작할 수 있게 하는 것이기 때문이다. 단순히 자기보존만
추구하는 삶은 결코 좋은 삶이 아니다. 좋은 삶은 자유를 추구하는
삶이며 무엇인가를 시작하는 삶이다.

우리에게 조금은 낯선 아렌트의 탄생성은 우리 사회를 바라볼 수
있는 새로운 관점을 제시한다. 실존적·정치적 범주인 탄생은 특히
두 개의 명제로 압축될 수 있다. 첫째, 모든 인간의 탄생은 새로운 시
작이다. 둘째, 모든 인간은 유일하다. 한나 아렌트는 이것이 아우구

스티누스가 이야기하는 창조의 의미라고 생각한다. 신이 세계를 창조함으로써 비로소 하나의 시작이 존재하게 되었다. 시작은 창조의 원리(principium)이다. 인간의 창조와 함께 새로운 시작이 실현된다. 인간이 갖고 있는 시작할 수 있는 능력은 탄생으로 실현된다.

"사람들은 태어남으로써 새로 온 자, 시작하는 자가 되기 때문에 주도권을 쥐고 행위를 하게 된다." 아우구스티누스는 신의 시작(pricipium)과 인간의 시작(initium)을 구별한다. 인간의 시작은 "어떤 것의 시작이 아니라, 누군가의, 즉 시작하는 사람 자신의 시작이다. 인간의 창조와 함께 시작의 원리도 세상에 존재하게 되었다. 이것은 인간이 창조되었을 때 비로소 자유의 원리도 창조되었다는 것의 다른 표현이다."[15] 인간은 시작하는 자이다. 인간은 시작할 때 비로소 자유를 실현한다. 이 간단한 명제가 우리의 가슴을 울리는 것은 어쩌면 모든 것을 가능하게 하는 것같이 보이는 현대의 풍요사회가 실제로는 새로운 시작을 불가능하게 만들기 때문인지도 모른다.

공동의 세계는 우리에게 묻는다.
너는 누구인가?
이 물음에 답하기 위해 말과 행위로써 자신을 드러내야 한다.
이것이 바로 정치적 탄생성이다.

시작이 자유의 원리로서 경험되는 것은 정치의 영역이다. 한 아이

6. 우리는 무엇을 위해 자유로운가?

가 태어나 교육을 통해 자신의 삶을 살아가는 것도 시작이고, 자신의 삶의 토대를 구축하기 위해 무엇인가를 만들어내는 것도 시작이지만, 자유의 행위가 되는 시작은 오직 정치를 통해서만 온전하게 실현된다. 그렇다면 우리가 정치적으로 무엇인가를 시작한다는 것은 무슨 의미인가? 우리는 여기서 아렌트가 탄생성을 생각하게 된 전체주의의 역사적 경험을 되짚어볼 필요가 있다. 전체주의는 유일무이한 인간을 쓸모없는 잉여 존재로 전락시킴으로써 인간의 시작할 수 있는 능력을 철저하게 파괴했다.

　개인의 자유와 인격을 파괴하는 전체주의의 방법을 거꾸로 추적하면, 우리가 정치적으로 시작하려면 어떤 조건이 필요한가를 알 수 있다. 한나 아렌트는 여러 글에서 전체주의에 의한 인격 파괴가 세 단계로 이루어졌다고 분석한다. 첫째 단계는 법적 인격의 파괴이다. 전체주의 정권은 사람들을 아무런 죄도 없는데 체포하고 구금한다. 이러한 체포와 구금이 부당할 뿐만 아니라 피해자의 의견이나 행위와는 아무런 관련이 없다는 것이 훨씬 더 중대한 문제이다. 둘째 단계인 도덕적 인격의 파괴는 강제수용소에서 다른 나머지 세계와 분리시킴으로써 이루어진다. 격리와 분리는 수용된 사람들의 피해와 순교를 아무런 의미도 없는 공허한 것으로 만들어놓는다. 마지막 단계는 개성의 파괴이다. 이것은 테러와 고문을 지속하는 과정에서 이루어지며, 궁극적으로는 시작할 수 있는 개인의 능력이 완전히 제거된다.

　전체주의 정권에서 시작할 수 있는 능력은 (1) 개인과 그의 행위를 분리시키고, (2) 그가 속한 공동세계에서 격리시키고, (3) 죽음의 공포를 제도화함으로써 완전히 제거된다. 여기서 우리는 정치적 시작에서 무엇보다 중요한 것은 공동세계의 존재라는 사실을 알 수 있다. 인간의 시작은 결코 무에서 출발하지 않는다. 인간은 다양한 사람의 실천 행위와 언어 행위로 구성된 공동세계에서 시작한다. 아렌트는 이 세계를 "인간관계의 그물망(the web of relationships)"이라고 비유적으로 표현한다. 그것은 공통의 감정, 연대, 협동, 권위, 의무와 같이 인간관계를 구성하는 상호 주관적 그물을 말한다. 태어나는 모든 아이는 이러한 관계망에 새로 온 자이며 동시에 시작하는 자이다. 부모는 아이와 새로운 관계를 맺으며 동시에 아이로 인해 다른 사람들과의 관계도 변화한다. 아이는 자신을 사랑하고 양육하는 부모와 관계를 맺고, 이 관계를 통해 낯선 사람들과도 새로운 관계를 정립한다. 이러한 관계들로 구성되는 공동세계를 통해 우리는 탄생과 죽음의 의미를 깨닫게 된다.

그렇다면 시작하는 자인 우리는 어떻게 공동세계에 참여하는가? 우리가 이 세상에 태어나 모습을 드러낸 것처럼, 우리는 우리의 정체성을 확인하기 위해 공동의 세계에 등장해야 한다. 공동의 세계는 우리에게 묻는다. 너는 누구인가? 우리는 이 물음에 답하기 위해 말과 행위로써 자신을 드러내야 한다. 이것이 바로 정치적 탄생성이다. 정치적으로 탄생한다는 것은 공동세계에서 자신의 의견을 제시하고 행위를 함으로써 관계를 시작한다는 의미이다.

말과 행위를 통해 우리는 인간의 세계에 참여한다. 참여는 제2의 탄생과 비슷하다. 우리는 탄생에서 신체적으로 현상하는 우리의 본모습을 확인하고 받아들인다. 참여는 노동처럼 필연성에 의해 강요된 것도 아니고, 작업의 경우처럼 유용성 때문에 추진된 것도 아니다. 참여는 우리가 함께하기를 원하는 타인의 현존에 의해 자극받는다. 그러나 참여가 타인의 제약을 받지는 않는다. 참여의 충동은 태어나서 세상에 존재하는 순간부터 발생하며, 자기 주도적으로 새로운 어떤 것을 시작함으로써 이 시작에 대응한다.[16]

아렌트가 제2의 탄생이라고 이름 붙인 정치적 참여는 공동세계와 공론 영역을 전제한다. 태어날 때 사람들은 이 세계에게 낯선 존재이기는 하지만 결코 이 세계에게서 소외되지는 않는다. 공동세계는 새로 온 낯선 자에게 애정 어린 관심을 가지며, 새로 온 자도 자신이 참여할 수 있는 행위의 공간으로서 이 공동세계에 관심을 가진다. "관심(interest)은 문자 그대로의 의미에서 존재 사이, 즉 사람들 사이에 놓여 있는 어떤 것이며, 따라서 사람들을 서로 이어주고 묶어줄 수 있다."[17] 우리가 행하는 대부분의 말과 행위는 이 관심에서 비롯되며, 사람들 사이의 중간 영역과 관계가 있다.

공동세계는 새로운 사람이 많아질수록 더욱 풍요로워진다. 그만큼 더 많은 관점과 가치가 존재하기 때문에 새로운 시작의 가능성도 늘어나기 때문이다. 공동세계는 근본적으로 의견과 관점의 다원성에 근거한다. "공동세계가 모두에게 공동의 집합장소를 제공할지라도,

여기에 모이는 사람들의 위치는 모두 다르다. 두 사물의 위치가 다르듯이, 한 사람의 위치와 다른 사람의 위치는 일치할 수 없다. 타자에 의해 보이고 들리는 것이 의미가 있는 까닭은 각자 다른 입장에서 보고 듣기 때문이다. 이것이 공적 삶의 의미다."[18] 이러한 공동세계에서 분리되거나 공동세계 자체가 사라진다면, 우리가 정치적으로 시작할 수 있는 기회는 파괴된다.

탄생성과 다원성은 같은 근원을 갖고 있다. 탄생성의 전제조건은 다원성이며, 다원성은 탄생성 없이는 보존되지 않는다. 그러므로 인간이 진정으로 시작할 수 있기 위해서는 다양한 관점과 의견이 보장되는 건강한 공동세계가 있어야 한다. 사람들은 행위와 말로써 다른 사람들에게 자신을 보여주고 자신의 고유한 인격적 정체성을 드러낸다. 공동세계가 건강할수록 새로운 사람, 시작하는 사람에게 관심을 갖는다. 세계의 관심, 다양한 관점, 공동의 행위 공간은 우리가 시작하기 위해 반드시 필요한 것들이다.

우리는 세상이 우리에게 관심을 가져주길 바란다. 우리의 행위를 보고, 우리의 말을 들어주기를 바란다. 우리를 보고 들어줄 세계가 없다는 것은 우리의 시작할 수 있는 능력을 빼앗는 정치적 폭력이다. 우리 사회가 기존의 가치와 관습만 고집한다면, 기득권을 보호하기 위해 새로 온 자, 시작하는 자의 말을 막아버리는 전체주의적 경향과 다를 바 없을 것이다. "인간 세계가 지속적으로 낯선 사람들, 새로 온 사람들의 침입을 받는 것은 탄생성의 사실 때문이다. 이미 거기 있고 잠시 후에 떠나게 될 사람들은 낯선 사람들과 새로 온 사람들의 행위의 반응을 예견할 수 없다."[19] 배타적 민족주의가 천박한 자본주의와 짝을 이뤄 낯선 사람을 배격할 뿐만 아니라 같은 공동체에 속한 사람들마저 낯선 사람으로 만드는 현대사회에서 아렌트의 탄생성은 우리가 나아갈 방향을 진지하게 숙고하라고 요청한다.

새로운 것을 해석하고 시작하는 능력, 즉 인간이 반드시 죽는다 할지라도 죽기 위해서 태어난 것이 아니라 시작하기 위해서 태어났다는 사실을 상기시키는 행위의 내재적 능력이 없다면, 죽음을 향해 달려가는 인간의 생애는 반드시 인간적인 모든 것을 황폐하게 만들고 파괴할 것이다.[20]

정치의 의미는
자유이다.

The meaning
of politics is
freedom.

우리의 자유는
다른 사람들과
'함께할' 때만
실현할 수 있다.

7
정치권력은 꼭 폭력적이어야 하는가?

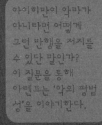

아이히만이 악마가
아니라면 어떻게
그런 만행을 저지를
수 있단 말인가?
이 질문을 통해
아렌트는 '악의 평범
성'을 이야기한다.

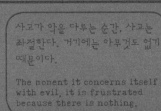

사고가 악을 다루는 순간, 사고는
좌절한다. 거기에는 아무것도 없기
때문이다.

The moment it concerns itself
with evil, it is frustrated
because there is nothing.

Amor
mundi

아렌트가 가장 어두운
시대를 경험했으면서도
세계는 변할 수 있다는
희망을 잃지 않은
이유는 무엇일까?

"모든 권력의 감소는 폭력에 대한 공개적인 초대이다. 권력을 잡고 있으며 그 권력이 자신의 손에서 빠져나 간다고 느끼는 자들이 통치자이건 통치를 받는 자들 이건 간에 그들은 권력을 폭력으로 대체하려는 유혹을 뿌리치기 어렵다는 것을 항상 발견해왔다는 이유만으 로도 그렇다."[1]

정치는 꼭 폭력적이어야 하는가?
아렌트는 '정치적인 것'을
폭력이 없는 행위의 공간으로 파악함으로써
'폭력이 없는 정치'의 가능성을 제시한다.

우리는 폭력이 없는 정치를 꿈꾸지만, 우리의 꿈은 폭력이 난무하는 정치 현실에서 산산이 깨진다. 정치는 사회의 평화와 국민의 복지를 목적으로 한다고 말하지만, 현실 정치는 폭력적일 수밖에 없는 권력투쟁과 다를 바 없다. 우리 국가의 짧은 역사는 폭력 정치를 증언한다. 시민과 시민사회가 발전하지 못한 상태에서 해방된 대한민국이 가장 먼저 해야 할 일은 국가체제를 수립하고 정비하는 것이었다. 이러한 흐름은 1961년 5월 16일에 박정희가 제2공화국을 붕괴시킨 군사 쿠데타에서 정점을 이룬다.

쿠데타는 통상적으로 지배계급 내의 일부 세력이 무력 등의 비합

법적인 수단으로 정권을 빼앗는 기습적인 정치 활동을 일컫는다. 민중의 지지가 필요한 혁명과는 달리 쿠데타는 지배자의 교체를 목적으로 한 폭력적 정치 행위이다. 폭력으로 정권을 빼앗은 세력은 자신의 권력을 유지하고 확대하기 위해 반대파를 불법으로 체포하거나 감금 및 고문하는 등의 방법으로 폭력적 정치 행위를 계속한다. 정당하지 못한 수단이 필요한 권력은 국가체제의 확립과 경제성장을 목적으로 할지라도 정당하지 않은 것이다.

대한민국의 역사를 돌이켜보면 두 가지 대립된 경향을 발견할 수 있다. 하나는 경제성장을 위해서는 강력한 국가가 필요하다는 국가중심주의이고, 다른 하나는 권위주의적 독재 정부에 대항해 시민들이 정치적 자유와 권리를 쟁취하는 민주화 과정이다. 1987년 민주항쟁에서 2016년 촛불혁명에 이르기까지의 지난 30년은 우리 사회가 진정한 시민사회로 발전해가는 시민혁명의 시기였다고 해도 과언이 아니다. 2016년 10월 29일 1차 촛불집회를 시작으로 2017년 4월 29일 23차 촛불집회에 이르기까지 연인원 1,000만 명이 넘는 시민이 자발적으로 광장으로 나아가 박근혜 대통령을 탄핵시키고 권위주의 정부를 끝내버린 시민혁명은 민주화운동의 완성이라고 할 수 있다.

2016~2017년의 촛불혁명은 우리에게 새로운 정치의 희망을 보여주었다. 수많은 사람이 오랫동안 광장에 모였음에도 '평화적'으로, 다시 말해 '비폭력적으로' 진행되었다는 것은 폭력이 없는 정치의 가능성을 제시하기 때문이다. 우리는 5·16 군사 쿠데타 이래 권위주의적 정부를 너무나 오랫동안 겪은 탓에 의식적 또는 무의식적으로

정치는 어쩔 수 없이 폭력이 필요하다고 생각하는 경향이 있다. 사람들의 상식은 이렇게 말한다. 정치를 하려면 강력한 권력의지가 있어야 한다. 자신의 뜻을 펼치려면 권력이 있어야 하고, 다른 사람이 저항하더라도 자신의 의지를 관철해야 하는 권력은 종종 폭력적일 수밖에 없다. 많은 사람이 폭력을 도덕적으로 비난하면서도 폭력이 정치적 필요악이라고 생각하는 것이다.

이제까지의 정치와는 다른 새로운 정치를 요청하는 촛불혁명은 이렇게 묻는다. 정치는 꼭 폭력적이어야 하는가? 정치적 행위의 필수 전제조건인 권력은 반드시 폭력이 필요한 것인가? 권력과 폭력, 정치의 관계를 다시 성찰하라고 요구하는 촛불혁명은 우리를 한나 아렌트로 이끈다. 한나 아렌트는 '정치적인 것'을 폭력의 부재를 특징으로 하는 행위의 공간으로 파악함으로써 '폭력이 없는 정치'의 가능성을 제시한다. 아렌트에 의하면 정치는 인간이 행할 수 있는 가장 자유로운 행위이다. 정치적 행위의 의미와 목적은 자유이다. 그렇기 때문에 정치는 생존을 위한 필연성에서 분리될 때에만 비폭력적일 수 있다. 왜냐하면 정치는 '단순한 삶', 즉 생존을 위한 것이 아니라 '좋은 삶', 즉 복지를 위해 이루어지는 것이기 때문이다.

삶과 생존 자체가 문제일 때에는 항상 폭력이 등장한다. 어떻게 해서든 살아남아야 한다는 과제는 폭력적이다. 생존을 위해서 허용되는 수단에는 어쩔 수 없이 폭력이 포함되기 때문이다. 그렇기 때문에 정치는 항상 생존의 문제를 넘어서는 것으로 여겨졌다. 생존의 필연성이 끝나는 곳에서 비로소 정치는 시작한다. 그러나 우리가 여기서 논의하고자 하는 것은 생존의 필연성과 연결되지 않는 '정치적 폭력'의 문제이다. 아렌트에 의하면 두 가지 정치적 폭력이 존재한다. 하나는 다원성을 말살함으로써 정치적 행위 자체를 불가능하게 만드는 전체주의이고, 다른 하나는 정치적 행위의 공간을 구성하기에는 너무나 약한 집단의 좌절감과 연결된 폭력이다. 잘 알려진 것처럼 아렌트는 전체주의를 특징 짓는 테러의 폭력을 《전체주의의 기원》에서 다루고, 후자의 정치적 폭력은 《폭력론》에서 상술한다.

폭력이 어떤 목적을 이루기 위한 수단이라면
테러에서는 이러한 관계가 뒤바뀐다.
그 자체가 목적이 된 형태의 폭력이 바로 테러다.

전체주의적 테러는 순전한 폭력을 대변한다. 전체주의는 지속적인 폭력을 제도화한다는 점에서 지속적인 혁명을 꿈꾸는 사람들의 악몽과 다를 바 없다. 어떤 것도 안전하지 않고, 누구도 믿을 수 없는 사회를 상상해보라. 폭력이 어떤 목적을 이루기 위한 수단에 불과하다면 그 목적이 성취될 때 폭력도 끝나리라고 기대할 수도 있지만, 폭력 자체가 마치 목적인 것처럼 지속적으로 실행되는 사회는 도대체 어떤 사회일까. 전체주의적 테러의 핵심은 그것이 결코 끝나지 않으며, 희생자들에게 폭력이 행사되는 데에는 어떤 이유도 논리도 없다는 사실이다.

"독재적 테러는 진정한 적만 위협할 뿐 정치적 견해를 가지지 않은 무고한 시민들을 위협하지 않는다는 점에서 전체주의적 테러와 구별된다."[2] 독재적 테러는 정적만 대상으로 삼지만, 전체주의적 테러는 무고한 시민까지 대상으로 삼는다. 간단히 말하면 전체주의적 폭력은 "전대미문의 예측 불가능성의 요소"[3]를 함축하고 있는 것이다. 전체주의적 폭력은 언제 그리고 어디에서든, 누구에게나 행사될 수 있기 때문에 예측할 수가 없다.

전체주의의 폭력이 행사되려면 어떤 형태의 연대나 결합도 허용되어서는 안 된다. 그렇기 때문에 "대중의 원자화"는 전체주의적 폭력의 전제조건이며 목적이다.

전체주의 운동은 원자화되고 고립된 개인들의 대중 조직이다. 다른 모든 당과 운동을 비교할 때 전체주의 운동의 가장 뚜렷한 외적 특징은, 개인 성원에게 총체적이고 무제한적이며 무조건적이고 변치 않는 충성을 요구하는 것이다.[4]

여기서 전체주의는 인류의 역사에 존재했던 모든 형태의 폭력조직을 뛰어넘는다. 고대 이래 전제정치(despotism)와 압제정치(tyranny)는 모두 신하의 평등한 복종을 요구했지만, 신하들 사이의 비정치적이고 공동체적인 유대와 결속은 허용했다. 법의 제재를 받지 않는 절대적 권력을 갖고 있다는 점은 똑같지만, 전체주의는 시민들 사이의 어떤 관계와 결속도 허용하지 않는다는 점에서 전대미문의 정치 형태이다.

현재 지상에 남아 있는 유일한 전체주의 국가인 북한의 사례에서 볼 수 있는 것처럼 전체주의는 반복되는 숙청을 효율적으로 사용함으로써 대중을 원자화한다. 숙청은 언제든 똑같은 운명이 닥칠 수 있다는 공포감을 확산시킴으로써 모두가 모두에게 감시의 대상이 되도록 만든다. 이러한 방식은 결국 모든 가족 유대 및 사회적 유대를 파괴하고 개인을 파편화한다.

주위의 어떤 사람이 전체주의 폭력의 희생자가 되었다고 가정해보자. 이런 상황에서는 단지 그와 알고 지낸 사이라는 사실만으로도 죄를 뒤집어쓸 수 있다. 자신이 전체주의 폭력의 또 다른 희생자가 되는 것을 피하는 유일한 방법은 한때 친구였던 사람을 맹렬하게 고발하는 것이다. "'연좌제'라는 간단하고 교묘한 장치의 필연적 결과는 어떤 사람이 고발되자마자 곧 그의 예전 친구들이 가장 모진 적들로 변한다는 점이다. 자기 목숨을 위해 그들은 자발적으로 정보를 제공하고, 그에게 불리한 터무니없는 증거를 가지고 고발하기 위해 몰려든다. 이것은 분명 자신이 믿을 수 있는 사람임을 증명할 수 있는 유일한 방법이다."[5] 전체주의의 가장 기본적인 경고는 모든 친밀한 관계를 피하라는 요구이다. 이처럼 전체주의 폭력은 대중의 원자화와 밀접하게 연관되어 있다.

우리는 여기서 한 가지 의문을 떨쳐버릴 수 없다. 만약 다양한 사람이 공적 공간에서 자유롭게 말하고 행위를 함으로써 공동의 목표를 추구하는 것이 정치라면, 그 어떤 연대와 결속도 허용하지 않는 전체주의 국가를 과연 정치적이라고 말할 수 있는가? 아렌트의 관점에서 보면 전체주의는 결코 정치적일 수 없다. 그것은 정치적 행위의 가능성을 말살한다는 점에서 반(反)정치적이다.

그렇다면 전체주의적 테러와 폭력은 어떤 관계에 있는가? 폭력이 어떤 목적을 이루기 위한 수단이라는 점에서 여전히 도구적으로 이해된다면, 테러에서는 이러한 관계가 뒤바뀐다. 폭력 자체가 목적이 된 형태가 바로 테러이다. 폭력은 수단으로서 항상 정당화가 필요하다. 폭력이라는 수단을 통해 이루고자 하는 목적이 충분히 가치가 있을 뿐만 아니라 폭력 이외에는 다른 수단이 없다는 사실을 자기 자신과 다른 사람에게 설득시킬 수 있다면, 폭력은 정당화될 수도 있다. 이에 반해 전체주의적 테러는 대중을 원자화하는 수단이기는 하지만 이를 통해 궁극적으로 얻고자 하는 것이 결국 대중에 대한 폭력이기 때문에 정당화가 필요하지 않고 또 정당화될 수도 없다.

> 지구상의 모든 주민을 절대적으로 지배하기 위한 투쟁, 경쟁하는 모든 비(非)전체주의적 현실의 제거는 전체주의 정권의 고유한 속성이다. 세계 통치를 궁극적인 목표로 추구하지 않는다면, 그들은 이미 장악한 권력조차 잃기 십상이다. 단 한 명의 개인이라도 전체주의가 전 세계를 지배하는 조건에서만 절대적으로 확실하게 지배될 수 있다.[6]

전체주의는 절대적 지배를 얻기 위해 폭력을 사용하지만, 그러기 위해서는 모든 현실적 장애물을 제거해야 하기 때문에 결국 지속적으로 폭력을 사용할 수밖에 없다. 현실 속에서 정치적 폭력이 성공하려면 마주하는 현실적 장애를 정확하게 평가해야 한다. 반면, 전체주의는 폭력으로도 변화시킬 수 없는 현실을 파악하는 대신에 허구적 현실을 만들어낸다. 전체주의 국가는 언뜻 서로 모순되어 보이는 두 가지 과제를 갖고 있다. 전체주의는 한편으로는 운동의 허구세계를 구체적인 일상생활의 현실로 확립해야만 하고, 다른 한편으로는 이 새로운 세계가 새로운 안정을 구축하는 것을 막아야만 한다. 왜냐하면 법과 제도가 안정되면 운동 자체는 끝날 것이며, 이와 함께 궁극적인 세계 정복에 대한 희망도 사라질 것이기 때문이다.

아렌트에 의하면 세계 정복은 결코 정치의 목적이 될 수 없다. 그뿐만 아니라 아무리 엄청난 권력을 갖고 있다고 할지라도 우리는 현실을 결코 완전히 변화시키거나 통제할 수도 없다. 우리가 살고 있는 구체적 현실은 아무리 전제정치나 전체주의에 의해 지배당한다고 할지라도 근본적으로 다원적이다. 그것이 전체주의 정권하에서도 우리가 가질 수 있는 유일한 희망이다. 우리가 살고 있는 세계가 현실적으로 다원적일 수밖에 없다면 전체주의 테러는 장기적으로는 결코 성공할 수 없다. 그렇다고 해서 순전한 폭력을 대변하는 전체주의 테러만이 문제가 되는 것은 아니다. 전체주의 테러가 정치의 의미를 성찰하게 한다면, 우리가 정치적 행위를 하려면 구체적 현실 속에서 마주치는 폭력을 직시해야 하기 때문이다.

이스라엘 방위군 앞에서 팔레스타인 국기를 들고 시위하는 여성

"국민 또는 집단 없이는
어떤 권력도 존재하지 않는다."

- 《폭력론》 중에서

많은 사람이 폭력의 반대를 비폭력이라고 생각하지만
사실 폭력의 반대는 권력이다.
권력은 곧 비폭력이기 때문이다.

아렌트로 하여금 정치의 본질을 생각하게 만든 전체주의가 아무리 순전한 폭력을 대변한다고 하더라도, 전체주의적 폭력은 장기적으로 보면 스스로 파괴될 수밖에 없다. 아렌트가 《전체주의의 기원》을 집필할 당시에도 스탈린은 여전히 공포정치를 자행하고 있었는데, 그녀는 왜 이런 생각을 할 수 있었던 것인가? 폭력 자체를 목적으로 만드는 전체주의적 테러가 불가능한 것은 영원한 혁명이 불가능한 것과 같은 이유에서이다. 영원한 혁명과 마찬가지로 순전한 폭력은 사람들의 안정적 관계를 파괴함으로써 정치적 행위를 불가능하게 만들기 때문이다. 이런 점에서 아렌트는 "폭력 수단에만 전적으로 기초를 둔 정부는 지금까지 존재하지 않았다. 고문을 주된 지배 수단으로 사용한 전체주의 지배자조차도 권력 기반—비밀경찰과 정보망—이 필요했다."고[7] 말한다.

아무리 폭력적인 국가라고 하더라도 권력 기반(power basis)이 필요하다는 말은 무엇을 의미하는가? 아렌트는 권력을 결코 폭력이 아니라고 말한다. 전체주의 국가가 촘촘하게 엮여 있는 정보망과 비밀경찰을 필요로 하는 것은 강요와 세뇌를 통해서라도 국민의 지지와 동의를 끌어내기 위해서이다. 권력 기반이 없는 폭력은 성공하지 못한다. 우리가 역사적으로 경험한 수많은 독재적인 지배가 성공적일 수 있었던 것은 결코 탁월한 강압 수단 때문이 아니라 탁월한 권력의 조직화에 의존했기 때문이다. 세계의 최강대국인 미국이 베트남전쟁에서 첨단 무기를 사용하고 제2차 세계대전에 사용한 것보다 더 많은 폭탄을 투하하고서도 패배했다는 점은 많은 것을 시사한다. 잘 조직된 국민의 권력은 폭력을 무력하게 만든다.

그러나 권력이 폭력에 앞선다고 하더라도 구체적 현실 속에서는 항상 결합되어 나타난다. 기존 권력은 정권에 동의하지 않고 체제에 반대하는 사람들에게 폭력을 행사한다. 자신의 의견을 표현하고 실현할 수 있는 길이 막혀버린 사람들은 종종 폭력을 마지막 수단으로 선택한다. "폭력을 당한 자가 폭력을 꿈꾼다는 것, 억압당한 자가 적어도 하루에 한 번은 자기 자신을 억압자의 자리에 올려놓는 꿈을 꾼다는 것, 가난한 자가 부자의 소유물에 대해, 박해당한 자가 역할을 바꿔 박해하는, 사냥감이 사냥꾼이 되는 것에 대해, 끝자리에 있는 자가 '나중 된 자가 먼저 되고, 먼저 된 자가 나중 되는' 천국에 대해 생각한다는 것을 누가 의심할 수 있는가?"[8] 우리는 포악한 권력에 저항할 수 있는 폭력을 꿈꾸지만, 이러한 꿈은 실현되지 않는다. 프란츠 파농, 장 폴 사르트르, 마오쩌둥처럼 포악무도한 정권을 무너뜨리기 위한 혁명의 수단으로서 폭력을 미화할 수도 있다. 이처럼 구체적 현실 속에서 뒤섞여 나타나기 때문에 우리는 권력과 폭력을 똑같은 것으로 보거나 권력은 늘 폭력을 요구한다고 생각한다.

아렌트는 물론 폭력과 권력이 밀접하게 연관되어 있다는 것을 인정한다. "폭력과 권력의 결합보다 더 일반적인 것은 없으며, 폭력과 권력을 순수한, 따라서 극단적 형태로 발견하는 경우는 거의 일어나지 않는다."[9] 전체주의를 분석하면서 테러와 정치를 엄격하게 분리했다는 점을 생각하면, 아렌트의 입장이 조금 의외이지만 더욱 현실적이다. 물론 일상 정치에서 권력과 폭력이 결합하여 나타난다고 해서 두 가지가 동일하다는 의미는 아니다. 아렌트는 여전히 권력과 폭력을 예리하게 구분한다.

> 권력과 폭력이 동일하지 않다고 말하는 것만으로는 충분하지 않다. 권력과 폭력은 반대의 것이다. 하나가 절대적으로 지배하는 곳에 다른 하나는 존재하지 않는다. 폭력은 권력이 위험에 빠질 때 등장하지만, 제멋대로 내버려 두었을 때는 권력의 소멸을 불러온다.[10]

아렌트에 의하면 권력의 반대는 폭력이고, 폭력의 반대는 권력이다. 권력과 폭력은 인간 사회에서 필연적인 관계에 있기 때문에 권력이 커지면 폭력이 줄어들고, 폭력이 늘어나면 권력이 작아진다. 여기서 우리는 아렌트의 놀라운 주장과 맞닥뜨리게 된다. 많은 사람이 폭력의 반대를 '비폭력'이라고 생각하지만, 사실 폭력의 반대는 권력이라는 것이다. 비폭력은 새로운 정치적 행위와 관계를 확립하기 위한 권력이기 때문에 비폭력적 권력이란 말은 사실 중복적인 말이라는 것이다. 권력은 곧 비폭력이기 때문이다.

이 말을 이해하려면 아렌트의 폭력 개념을 조금 더 자세하게 들여다볼 필요가 있다. 앞의 인용문에 따르면 "폭력은 권력이 위험에 빠질 때 나타난다." 폭력은 약함의 징후이다. 권력이 어떤 사회관계를 유지하는 데 더는 성공하지 못할 때, 이 사회관계를 강요하기 위해 폭력이 사용된다. 권력이 너무 취약하여 국민의 지지를 받지 못하면 여론조작의 유혹에 빠지고, 자신이 원하는 권력관계를 보존할 수 없을 때 폭력적 수단에 의존하게 된다. 이 점에서 우리가 일상생활에서 겪는 정치적 폭력은 전체주의적 테러와 구별된다. 전체주의적 테러는 사회관계 자체를 파괴하거나 해체하는 데 반해, 정치적 폭력은 기존의 관계를 유지하는 대안적 수단으로 사용된다.

우리는 때로 폭력이 필요하다는 점을 인정한다.
그러나 폭력은 정치의 기반인 권력을 파괴할 수 있기 때문에
항상 정당화가 필요하다.

폭력은 분명 특정한 목적을 위한 수단이다. 우리는 국가의 안보, 사회의 안전, 개인의 생명을 보장하기 위해 때로는 폭력이 필요할 수도 있다는 점을 인정한다. 그러나 폭력은 정치의 기반인 권력을 파괴할 수 있기 때문에 항상 정당화가 필요하다.

권력은 사실 모든 정부에게 본질적이지만, 폭력은 그렇지 않다. 폭력은 본성적으로 도구적이다. 모든 수단과 마찬가지로 폭력은 항상 그것이 추구하는 목적을 통해 인도되고 정당화될 필요가 있다. 그

리고 다른 것에 의해 정당화될 필요가 있는 것은 어떤 것의 본질일 수가 없다.[11]

여기서 아렌트는 우리 모두의 상식과 배치되는 주장을 한다. 권력과 폭력을 동일하게 보는 사람들은 대개 권력 역시 특정한 목적을 이루기 위한 수단으로 생각한다. 이에 대해 아렌트는 권력은 결코 목적을 이루기 위한 수단이 아니라 정치적 행위를 가능하게 해주는 조건 자체라고 생각한다. 이런 관점에서 보면 권력 구조 자체는 모든 목적에 앞서고 그보다 오래 계속된다.

권력은 정당화가 필요하지 않으며, 정치 공동체의 존재 자체에 내재해 있다. 권력에게 필요한 것은 정당성(legitimacy)이다. 일반적으로 이 두 낱말을 동의어로 취급하는 것은 복종과 지지를 동일시하는 것과 마찬가지로 오해이며 혼동이다. 권력은 사람들이 모여 협력 행위(act in concert)를 하는 곳이라면 어디서나 생겨난다. 그렇지만 권력의 정당성은 최초의 모임에서 나오는 것이지 그 후의 어떤 행위에서 나오는 것이 아니다. 정당성이 도전받을 때는 과거에 호소함으로써 정당성의 기초를 삼는 반면, 정당화(justification)는 미래에 놓인 목적과 관계한다.[12]

사람들이 처음으로 모여 어떤 사회를 만들 것인지 논의하는 장면을 상상해보자. 그것은 청교도들이 신대륙으로 건너가 새로운 사회를 건설하고 그 사회의 기본인 헌법을 만드는 모임일 수도 있다. 다양한 의견을 가진 사람들이 공동체를 건설하기 위해 모인 "최초의 회합(the initial getting together)"은 정치적 행위를 가능하게 하는 권력 자체라는 것이다. 그러므로 정치적 공동체를 시작한 최초의 정치적 행위는 항상 정당성의 토대이다. 왜 우리는 더불어 살아야 하는가? 우리는 어떤 형태로 더불어 살고자 하는가? 정권이 정당성을 잃어버 릴 위협에 처할 때 우리는 이러한 최초의 질문으로 돌아가야 한다.

권력의 정당성이 흔들릴 때는 두말할 나위도 없이 권력이 공동체 를 유지하고 사회의 안전을 확보하기 위해 폭력을 필요로 할 때이 다. 결국 정당화되어야 하는 것은 폭력이다. 그렇기 때문에 아렌트는 이렇게 간단하게 정리한다. "폭력은 정당화될 수 있지만, 그것은 결 코 정당하지 않을 것이다."¹³ 정치적 목적이 분명하다면, 우리는 폭 력을 단기적이고 일시적으로 사용할 수 있다. 이런 폭력은 정당화될 수 있지만, 목적이 불투명할 뿐만 아니라 그것으로 실현하고자 하는 목적이 먼 미래로 멀어지면 폭력은 결코 정당화될 수 없다. 이처럼 한나 아렌트는 폭력이 오직 분명한 목적을 위한 단기적 수단으로 사 용될 때에만 정당화될 수 있다고 말한다. "폭력은 본성상 도구적이 므로 그것을 통해 정당화해야 하는 목적에 도달하는 데 효과적인 만 큼 합리성을 갖는다. 그리고 우리가 행위를 할 때 우리가 하는 일의 최종 결과를 결코 확실하게 알 수 없기 때문에 폭력은 오직 단기적 목표를 추구할 때만 여전히 합리적이다."¹⁴

어떤 사람이 권력을 가졌다는 것은
국민이 그에게 권한을 주었다는 의미이다.
국민의 지지와 동의가 철회되면
그의 권력도 끝난다.

사람들은 권력을 유지하고 확대하기 위해 종종 폭력을 사용하지만, 폭력은 결국 권력을 파괴한다. 폭력은 결코 권력을 창조하지 못한다. "권력은 총구에서 나온다."는 마오쩌둥의 말에 빗대어 아렌트는 이렇게 말한다. "총구에서 가장 효과적인 명령이 나와서 가장 즉각적이고 완전한 복종으로 귀결될 수 있다. 총구에서 결코 나올 수 없는 것은 권력이다."[15] 그렇다면 권력은 도대체 어디에서 나오는 것인가? 우리가 2016~2017년 겪은 촛불혁명은 이 물음에 대한 답을 제공한다. 2016년 10월부터 2017년 4월까지 6개월이라는 긴 시간 동안 수많은 시민이 광장에 모였음에도 한 건의 폭력 사태도 발생하지 않았다. 이렇게 평화적으로 진행된 시민들의 정치적 행위가 결국 박근혜 대통령을 탄핵시키고 권위주의 정부를 끝낸 것이다. 여기서 촛불혁명을 가능케 한 것이 바로 아렌트적 의미의 권력이다.

아렌트의 권력 개념은 우리에게 낯설다. 이 개념이 낯선 것만큼이나 이 개념에 함축된 정치에 관한 시각은 신선하고 독창적이다. 많은 사람이 권력과 폭력을 여전히 지배자와 피지배자의 관계에서 파악한다. 아렌트 역시 이러한 사실을 잘 알고 있다. 정치는 근본적으로 공동 행위라는 아렌트의 관점보다는 모든 정치는 권력 투쟁이라는 시각이 우리에게 훨씬 더 친숙하다. 아렌트는 《폭력론》에서 "권력의 본원적 성질은 폭력이다."라고 말한 찰스 라이트 밀스(Charles Wright Mills)와 국가란 정당한 폭력 수단을 기초로 한 인간에 대한 인간의 지배라고 규정한 막스 베버(Max Weber)를 인용함으로써 권력과 폭력이 종종 동일시되고 있음을 지적한다.

이러한 시각을 대변하는 가장 대표적인 사람은 분명 막스 베버이다. 베버는 권력을 "특정한 사회관계에서 반대가 있는데도 자신의 의지를 주장할 수 있는 기회"[16]로 간단하게 규정한다. 베버의 권력 개념은 의지를 갖고 있는 행위자를 전제한다. 행위자는 스스로 설정한 목적을 실현하는 데 적합한 수단을 선택한다. 목적의 달성 및 성공은 다른 행위자로 하여금, 강요에 의해서든 아니면 설득에 의해서든, 원하는 행동을 하게 만드는 능력에 달려 있다. 막스 베버는 이러한 능력을 권력이라고 부른다.

하나 아렌트는 이러한 능력을 오직 폭력과 강제력에만 부과한다. 어떤 사람들에게 특정한 행동을 하도록 강제하는 것은 폭력일 뿐이지 결코 권력은 아니라는 것이다. 아렌트는 전혀 다른 권력 개념을 제시한다.

권력은 단순한 행위가 아니라 협력 행위(to act in concert)를 할 수 있는 인간의 능력에 상응한다. 권력은 결코 한 개인의 속성이 아니다. 그것은 집단에 속하며 그 집단이 협조할 때만 존재한다. 우리가 어떤 사람에 대해 '권력의 자리'에 있다고 말할 때, 실제로는 대다수의 사람이 그들의 이름으로 행동할 수 있는 권한을 그에게 주었다는 의미이다. 권력을 처음에 시작한 그 집단이 사라지는 순간 '그의 권력' 또한 소멸한다.[17]

아렌트의 권력 개념은 개인에서 출발하는 것이 아니라 집단과 공동체에서부터 출발한다. 어떤 사람이 권력을 갖고 있다는 것은 국민이 공동으로 그에게 권한을 주었다는 것을 의미한다. 국민의 지지와 동의가 철회되면, 그 사람의 권력도 끝난다. 폭력은 어떤 사람이 다른 사람에게 자신의 의지를 주장하는 '강제'라면, 이에 대한 유일한 대안은 참여자들 사이의 자유로운 합의이다. 그러므로 아렌트의 권력은 결코 다른 사람을 도구화하지 않는다. 시민들의 자유로운 토론과 의사소통을 통해 합의에 이를 때 생겨나는 것이 바로 권력이다. 이런 맥락에서 아렌트는 "권력은 민중에게 있다(potestas in populo)."는 라틴어 경구를 인용하면서 "국민 또는 집단 없이는 어떤 권력도 존재하지 않는다."[18]고 단언한다. 이처럼 아렌트는 권력을 공동체와 자유로운 사회관계를 구성하는 힘으로 규정하지, 인간에 대한 인간의 지배 수단으로 파악하지 않는다. "폭력과 권력에 대한 널리 통용되는 동일시는 정부를 폭력 수단을 이용한 인간에 대한 인간의 지배로 이해할 때 이루어지는 것이다."[19]

우리는 흔히 두 사람 이상이 모이면 권력관계가 형성된다고 말한다. 두 사람 사이에 힘의 차이와 의지의 갈등이 발생하는 것을 지칭하기는 하지만, 꼭 틀린 말은 아니다. 아렌트 역시 복수의 사람이 모이면 어디서나 발생하는 것이 권력이라고 주장한다.

> 현상의 공간은 말과 행위의 방식으로 사람들이 함께 사는 곳이면
> 어디에나 존재하고, 따라서 공론 영역의 모든 형식적인 구조와 다
> 양한 형태의 정부, 즉 공론 영역이 조직화될 수 있는 다양한 형식보
> 다 앞서 존재한다. 이 공간은 우리 손이 하는 작업의 공간과는 달리
> 이 공간을 존재하게 하는 운동의 현실성을 넘어 존속하는 것이 아
> 니라 사람들이 흩어지면 사라지고 ─ 인간의 정치제제가 파괴되는
> 대재난의 경우처럼 ─ 활동 자체가 없어져도 사라진다.[20]

사람들이 행위를 하면, 그것도 공동으로 행위를 하면 막강한 권력
이 발생한다. 전체주의적 폭력이 아무리 막강할지라도 이에 대항하
는 민중이 있다면, 권력은 폭력을 막을 수 있다. 물론 전체주의 정권
은 민중의 항쟁을 대량살상으로 막아버릴 수 있겠지만, 누구도 죽은
자를 지배할 수는 없기 때문에 오래 지속되는 폭력은 스스로 몰락할
수밖에 없다.

한나 아렌트는 권력을 공동체의 관점에서 파악함으로써 우리에게
정치적으로 행위를 할 것을 권유한다. 우리가 정치적으로 행위를 하
는 한 폭력이 등장할 기회와 가능성은 그만큼 줄어들기 때문이다. 이
러한 아렌트의 권력 개념이 우리에게 여전히 생소할 수도 있다. 그
렇지만 우리에게 권력과 폭력을 구분할 수 있는 기준을 제공함으로
써 정치적 판단의 근거를 제시한다. 어떤 정권이 권력을 폭력으로 대

체하려는 경향을 보일 때 우리는 더욱 정치적으로 행위를 해야 한다. 왜냐하면 "모든 권력의 감소는 폭력에 대한 공개적인 초대이기"[21] 때문이다.

정치의 의미는 자유이다.

The meaning of politics is freedom.

우리의 자유는 다른 사람들과 '함께할' 때만 실현할 수 있다.

8
정치는 왜 가짜 뉴스를 만들어내는가?

아이히만이 악마가 아니라면 어떻게 그런 만행을 저지를 수 있단 말인가? 이 질문을 통해 아렌트는 '악의 평범성'을 이야기한다.

사고가 악을 다루는 순간, 사고는 좌절한다. 거기에는 아무것도 없기 때문이다.

The moment it concerns itself with evil, it is frustrated because there is nothing.

Amor mundi

아렌트가 가장 어두운 시대를 경험했으면서도 세계는 변할 수 있다는 희망을 잃지 않은 이유는 무엇일까?

"진리와 정치의 사이가 좋지 않다는 사실을 누구도 의심하지 않았다. 그리고 내가 아는 한 누구도 진실성을 정치적 덕성들에 포함시키지 않았다. 거짓말은 언제나 정치꾼이나 선동가뿐만 아니라 정치인의 일에 필요하고 정당화될 수 있는 도구로 여겨졌다."[1]

정치적 거짓말은 도덕적 결함과는 관련이 없다.

정치적 의견은 다양한 세계관과 이해관계에 따라 형성되므로

순수한 사실만 지향하지 않는다.

사실보다는 사실에 대한 해석과 평가가 중요한 것이 정치다.

　정치인들은 거짓말을 밥 먹듯 한다. 선거에 당선되기 위해 내걸었던 수많은 공약(公約)은 대부분 거짓 약속, 즉 공약(空約)으로 끝난다. 국민을 위해 이행하겠다고 약속한 정책들이 본래 의도한 대로 실행될 수 없기는 하지만, 많은 경우 실행될 수 없음을 알면서도 약속하는 것은 거짓말임에 틀림없다. 정치인들이 정책만 바꾸는 것은 아니다. 그들은 정치적으로 성공하기 위해, 즉 선거에서 이기기 위해 필요하다고 판단할 경우에는 정치적 이념과 방향까지 바꾼다. 이념과 정책을 바꿔가며 거짓말을 반복하는 정치인들을 어떻게 믿을 수 있겠는가? 그 필연적 결과는 두말할 나위 없이 정치 자체에 대한 불신이다.

정치에 대한 불신이 만연한 상황에서도 정치인들은 여전히 시민의 신뢰가 필요하다. 반대로 시민들은 복잡한 상황에서 자신들을 이끌고 갈 정치적 지도자를 갈망한다. 그렇다면 우리는 이제 '거짓말의 정치'를 그만두고 '진리의 정치'를 해야 하는 것은 아닌가? 거짓말 대신에 진리가 힘을 얻는다면, 정치는 다시 국민의 신뢰를 얻을 수 있는 것이 아닌가? 이러한 물음에 대한 한나 아렌트의 단호한 대답은 우리의 희망을 좌절시킨다. 한나 아렌트는 1967년 발표한 "진리와 정치"와 1971년에 발표한 "정치에서의 거짓말"에서 이렇게 말한다.

> 비밀과 기만, 고의적 거짓, 정치적 목적을 달성하기 위해 정당한 수단으로 사용된 공공연한 거짓말은 역사가 기록되기 시작한 이래로 우리와 함께 존재해왔다. 진실성이 정치적 덕목에 포함된 적이 없으며, 거짓말은 정치적 거래에서 정당화될 수 있는 도구로 늘 간주되었다.[2]

우리는 거짓말을 도덕적 악으로 생각한다. 그래서 우리는 정치인들이 거짓말을 일삼는 것은 도덕적 덕성을 갖추지 못했기 때문이라고 생각하는 경향이 있다. 정치인들은 본래 진실과 사실에 바탕을 두고 정직하게 행위를 해야 하는데, 도덕적으로 타락하여 거짓말을 한다는 것이다. 그렇지만 정치적 거짓말은 죄나 악덕과 같은 도덕적 결함과는 관련이 없다. 한나 아렌트는 오직 진실만 말하는 사람들은 정치적 영역의 바깥에 있다고 말함으로써 거짓말이 정치적 행위와 밀접하게 관련되어 있음을 암시한다. 아렌트의 분석대로라면 우리가 거짓말에 대해 아무리 분노하더라도 정치적 거짓말이 사라지지는 않을 것이다.

정치에서 거짓말이 사라지기는커녕 오히려 더 노골화된 것처럼 보인다. 2016년 옥스퍼드 사전에 의해 "올해의 단어"로 선정된 "탈(脫)진실(post-truth)"이라는 낱말은 정치와 거짓말의 관계를 다시 생각하게 만든다. 옥스퍼드 사전에 의하면 '포스트 트루스'라는 낱말은 "여론을 형성하는 데 있어서 감정과 개인적 믿음에 대한 호소가 객관적 사실보다 더 커다란 영향력을 미치는 상황"[3]을 가리킨다. 사실은 뒷전으로 물러나고, 정치적 감정이 전면에 등장한다. 그렇기 때문에 '포스트 트루스'는 종종 '포스트 팩추얼(post-factual)'이라는 단어와 함께 혼용되기도 한다.

이 용어는 특히 2016년 영국의 유럽연합 탈퇴에 관한 국민투표와 미국 대통령 선거를 계기로 빠른 속도로 널리 퍼졌다. 브렉시트를 찬성하는 사람들은 유럽연합의 회원국 지위를 유지하기 위해서는 매주 3억 5,000만 파운드의 비용을 지불해야 한다는 주장을 반복함으로써 유권자들의 감정에 호소했다. 영국이 유럽연합에게서 돌려받는 돈과 그 밖의 여러 가지 혜택은 일부러 무시한 이 주장은 여러 전문가에 의해 사실이 아님이 밝혀졌지만, 뉴스의 주요 토픽이 된 거짓 주장은 이미 되돌릴 수 없었다.

정치적 거짓말과 이른바 가짜 뉴스가 판을 쳤던 사건은 2016년 미국 대통령 선거다. 도널드 트럼프 대통령의 성공에는 시민들 사이에 널리 퍼져 있던 분노가 큰 역할을 했다. 트위터를 즐겨 하는 트럼프에게 사실은 중요하지 않았다. 그는 버락 오바마 대통령 이래 모든 것이 다 나빠졌다고 느끼는 국민의 감정을 성공적으로 부추겼다. 그의 발언은 사실을 토대로 검증될 수 없었다. 사실은 그가 말하는 것을 검증할 수 있는 토대가 아니라 그가 말하는 것이 사실이 되었다. 그는 오히려 자신의 발언을 문제 삼는 《뉴욕 타임스》를 '가짜 뉴스(fake news)'라고 반박했다. 그뿐만 아니라 그의 측근은 취임식에 참여한 군중의 숫자가 예전보다 현격히 적은 사실을 방어하기 위해 '대안적 사실(alternative facts)'이라는 말을 사용하기도 했다. 대안적 사실은 우리가 동의하거나 합의할 수 있는 객관적 토대로서의 사실은 이제 존재하지 않는다는 것을 말할 뿐이다.

그런데 탈(脫)진실 또는 탈사실 정치가 서구의 현상만은 아니다. 우리의 정치 문화를 변화시킨 2016~2017 촛불혁명은 사실 최순실이 국정 관련 문건을 받아보기 위해 사용했다고 알려진 태블릿 PC에 관한 2016년 10월 24일 JTBC의 보도로 촉발되었다고 해도 과언이 아니다. 박근혜 전 대통령의 탄핵과 보수 정권의 종말을 가져온 결정적 사실이어서 그런지, 일부 친박 단체와 극우 매체들은 끊임없이 최순실 태블릿 PC 조작설을 제기하고, 이와 관련된 가짜 뉴스를 퍼뜨리고 있다. 여기서는 최순실 태블릿 PC의 수정과 조작이 없었다는 국립과학수사연구원의 최종 감정 결과도 사실로서의 영향력을 발휘하지 못한다. 왜 사람들은 사실을 통해 자신의 의견을 수정하는 대신 오히려 믿고 싶은 것을 사실로 착각하는 것일까?

정치적 의견은 개인이 갖고 있는 다양한 세계관과 이해관계에 따라 형성되기 때문에 순수한 사실만 지향하지는 않는다. 사실보다는 사실에 대한 해석과 평가가 중요한 것이 정치이다. 우리는 어떤 사실을 특정한 맥락에서 해석할 때 비로소 정치적 행위를 한다. 그럼에도 사실은 서구 자유민주주의에서 신성한 위치를 차지하고 있었다. 유권자들이 여론 조작을 통해 영향을 받고 정치인들이 중요한 문제를 회피함으로써 민주주의가 엉망이 될 때, 이러한 상황을 바로잡기 위해 사람들은 항상 '사실'에 주목했다. 모든 사람이 동의할 수 있는 사실이 있다고 전제할 때에만 비로소 이 사실에 대한 해석이 다양해질 수 있다. 자신의 입장이나 이를 뒷받침하는 사실만 일방적으로 주장함으로써 이에 대한 사실적 반박을 허용하지 않는다면, 민주주의는 지속될 수 없다.

"탈사실 시대에 민주주의는 생존할 수 있는가?"[4] 한나 아렌트의 용어를 빌려 말하자면, 탈진실 및 탈사실 정치는 우선 정치를 더는 행위로 파악하지 않고 일종의 작업으로 생각한다. 정치적 행위는 바람직한 사회의 다양한 이념과 방향에 대한 토론이 먼저 있어야 한다. 그러나 탈진실 정치의 관심은 오직 어떻게 하면 선거에서 승리하고 집권할 것인가에만 모아진다.

둘째, 탈진실 정치에서는 사실보다 감정이 훨씬 더 커다란 영향력이 있기 때문에 정치는 더욱더 감성화된다. 본래 거짓말은 진실이 존재하며 거짓말하는 사람이 이를 알고 있다고 전제한다. 그러나 탈진실 정치에서 의도적인 거짓말은 진실과 사실 자체에 관심을 두지 않는다.

끝으로, 미디어 사회에서 만들어지고 유통되는 수많은 사실은 근본적으로 사실의 진실성을 심각하게 훼손한다. 기존의 언론 매체에 대한 신뢰가 추락하고 사실에 관한 논증이 이루어지는 공론 영역이 제대로 형성되지 않았을 때 사람들은 소셜 미디어에서 다양한 뉴스를 호출한다. 오늘날 인터넷과 소셜 미디어를 통해 정보와 뉴스를 소비하는 사람들은 동시에 미디어 내용의 생산자이기도 하다. 모든 사람이 자신의 입장을 정당화하기 위해 호출할 수 있는 사실은 흘러넘친다. 이처럼 과잉사실은 사실의 진실성을 소멸시키고, 진실성의 소멸은 토론과 검증을 불가능하게 만든다. 토론 프로그램을 보라. 모두가 각자 자신의 주장만 되풀이하다 끝나지 않는가? 사실이 더는 중요하지 않은 시대에 민주주의는 과연 어떻게 생존할 것인가?

진실만 말하고자 하는 사람들은
끊임없이 변화하는 현실을 외면한
독선과 독단에 빠져 있는 사람들일 뿐이다.
진실은 현실 속에서 무력한 것이다.

탈진실 정치의 상황에서 "사실적 진리"에 관한 아렌트의 생각은 우리에게 많은 시사점을 던진다. 아렌트가 오늘날 민주주의에 심각한 위협으로 등장하고 있는 탈진실 정치를 미리 예측했다는 점도 놀랍지만, 더욱 놀라운 것은 거짓말과 사실적 진리는 매우 비슷하기 때문에 정치에서의 거짓말에 더 주목해야 한다고 주장한 점이다. 왜 정치에서는 거짓말이 필연적인가? 정치적 거짓말은 어떻게 사실적 진리와 관련이 있는 것인가?

한나 아렌트는 정치에서의 거짓말을 논하면서 이와 유사한 질문으로 시작한다. "무력하다는 것이 진실의 진짜 본질이며, 기만적이라는 것이 권력의 진짜 본질인가? 그리고 태어났다가 죽을 수밖에 없는 실존의 현실을 보장하는 공적 영역에서 진실이 삶의 어느 영역보다 무력하다면, 진실은 어떤 종류의 현실을 갖고 있는 것인가?"5 진실은 힘이 없고, 권력은 기만적이다.

그럼에도 사람들은 오랫동안 진리와 진실이 언젠가는 승리할 것이라고 믿어왔다. "세상이 멸망할지라도, 정의가 이루어지도록 하라(Fiat iustitia, et pereat mundus)."라는 라틴어 경구는 진리와 정치의 관계를 잘 말해준다. 그렇지만 아렌트는 이러한 통념에 대해 커다란 물음표를 붙인다. 생존과 실존에 대한 염려가 인간에게 가장 기본적인 문제라면, 사회가 위기에 처해 있을 때 세상을 구하고 생명을 보존하는 것이 우선일 것이다. 들어줄 사람이 없는 진실은 무의미하기 짝이 없다.

그렇다면 진실은 사람들의 동의를 얻기 위해 거짓말이 필요한 것은 아닐까? 우리는 진리와 거짓말의 관계를 설령 정확하게 규명하지 않더라도 종종 거짓말이 현실을 보존하는 데 기여할 수 있다는 점을 경험적으로 잘 알고 있다. 그뿐만 아니라 진리만 좇고 진실만 말하려는 사람들이 현실에서 겪는 어려움도 잘 알고 있다. 그들이 세상사에 관여하지 않을 때는 조롱과 조소만 받으면 되지만, 진실이라는 이름으로 다른 동료 시민들을 설득하려 들면 심각한 위험에 처하기도 한다. 자신의 의견에 갇혀 기만과 거짓 속에 살아가는 동료 시민들이 바로 진실을 말하는 사람들에게는 적인 셈이다. 그렇지만 이 관계를 뒤집어보면 진실만 말하고자 하는 사람들은 끊임없이 변화하는 현실을 외면한 독선과 독단에 빠져 있는 사람들일 뿐이다. 진실은 현실 속에서 무력한 것이다.

현실에서 이루어지는 정치는 철학도 아니고 과학도 아니다. 다수의 사람 사이에서 이루어지는 행위가 바로 정치이다. 이런 관점에서 아렌트는 "합리적 진리(rational truth)"와 "사실적 진리(factual truth)"를 구별한다. "삼각형의 내각의 합은 180도이다." "지구는 태양을 중심으로 공전한다." 이런 명제로 표현되는 합리적 진리들은 자명하며, 그 근거도 명확하다. 물론 철학적 진리도 이성적으로 정당화될 수 있는 근거에 바탕을 둔다. 그렇지만 "불의를 행하는 것보다 불의를 당하는 것이 더 낫다."는 소크라테스의 명제가 설령 철학적 진리라고 하더라도 그것을 다른 사람들에게 입증하는 것은 결코 쉬운 일이 아니다. 그것이 나에게는 진리일 수 있지만, 수많은 의견이 대립하는 시장과 광장에 들어서면 쉽게 반박되고 부정된다. 이처럼 "철학적 진리는 단수의 사람과 관계가 있기 때문에 본성상 비정치적"[6]

이라고 말한다.

이에 반해 사실적 진리는 우리가 현실에서 접하는 수많은 사실과 사건에 바탕을 둔다. "복수의 사람이 함께 살고 함께 행위를 하면서 생겨나는 변함없는 결과인 사실과 사건 들이 정치적 영역의 텍스처를 구성하기 때문에 우리가 여기서 가장 많이 관계하는 것은 물론 사실적 진리이다."[7] 다수의 개인이 서로 다른 의견을 갖고 공적 영역에서 만나 토론과 담론을 통해 판단에 이를 때 생겨나는 것이 바로 사실적 진리이다. 의견의 다원성, 공공성과 토론 가능성은 사실적 진리를 구성한다. 예컨대 지구 온난화는 과학 영역에서는 진리일 수 있지만, 일단 정치적 영역에 들어서면 공적 논쟁의 대상이 된다. 마찬가지로 원전은 가장 깨끗한 에너지라든가 아니면 원전은 위험하다는 주장은 그것이 국가의 정책이 되는 순간 이미 과학적 검증 가능성을 넘어 사실적 진리의 문제가 된다. 합리적 진리가 본성상 비정치적이라면, 사실적 진리는 근본적으로 정치적이다.

사실적 진리가 정치적인 것은 우리가 특정한 문제에 대한 의견을 형성하는 데 기여하고, 우리의 판단력을 강화하기 때문이다. 전통적 시각은 여전히 합리적 진리의 반대를 단순한 견해와 의견으로 생각하고 있지만, 어떤 합리적 진리가 정치적으로 실현되려면 반드시 이 진리에 관해 같은 견해를 갖고 있는 다양한 사람의 지지를 받아야 한다. 전통적으로 합리적 진리의 반대는 과학의 영역에서는 오류와 무지이고, 철학의 영역에서는 오해와 견해였다. 그렇지만 정치적 영역에서 가장 중요한 것은 사람들의 다양한 견해이다. 많은 철학자가

8. 정치는 왜 가짜 뉴스를 만들어내는가?

여전히 단순한 견해를 넘어서 영원히 변하지 않는 진리를 추구해야 한다고 주장하지만, 정치적 영역에서 영원한 진리란 사실 존재하지 않는다. 왜냐하면 "모든 권력에게 반드시 필요한 전제조건에 속하는 것은 견해이지 진리가 아니기 때문이다."[8]

**사실은 다양한 해석을 허용하고
다양한 관점의 논쟁과 논의는
비로소 사실적 진리를 정당화한다.**

정치적 행위를 위해서는 합리적 진리에서 견해로 옮겨가야 한다. 그것은 단수의 사람에서 복수의 사람으로 시선을 돌리는 것이다. 합리적 진리는 사유의 정확성에 달려 있지만, 사실적 진리는 다수에게 동의를 받는 견해의 강도에 의존한다.

사실적 진리는 언제나 다른 사람들과 관계가 있다. 그것은 많은 사람이 관여된 사건이나 상황과 관계한다. 그것은 증인들에 의해 확립되고, 증거에 의존한다. 그것이 설령 사생활의 영역에서 일어난다고 할지라도 사실적 진리는 오직 우리가 그것에 관해 말하는 정도만큼 존립한다. 사실과 의견 들은 분리되어야 하기는 하지만 서로 적대적이지는 않다. 사실과 의견 들은 동일한 영역에 속한다. 사실들은 의견에 영향을 미치고, 다양한 이해관계와 열정에 의해 고

취된 의견들은 상당히 다를 수 있지만, 그것들이 사실적 진리를 존중하는 한 여전히 정당할 수 있다.[9]

사람들은 공적으로 이야기할 수 있는 사건과 상황에 대해 다양한 의견을 가진다. 이러한 의견들은 서로 대립하고 충돌하기 때문에 결코 하나의 진리로 환원될 수 없다. 자신의 의견과 견해를 갖고 있다는 것은 특정한 사건을 자신의 방식대로 해석한다는 의미이다. 그렇기 때문에 정치적 견해와 의견은 항상 증인과 증언에 바탕을 두고 있는 사실적 진리를 근거로 제시한다. 여기서 우리는 한 가지 커다란 문제에 봉착한다. 모든 견해가 해석에 따라 달라질 수 있다면, 의견과 해석에서 독립된 사실이라는 것이 도대체 존재할 수 있는 것인가? 사실이라는 것들이 수많은 우연적 사건의 혼돈에서 끄집어내어 특정한 관점에서 이야기될 수 있도록 맞춰진 것은 아닌가?

해석이 없으면 어떤 사실들도 알아낼 수 없다면, 본래의 사건과 사실이란 존재하지 않는다. 한나 아렌트는 사건과 해석 그리고 사실의 관계가 아무리 복잡하더라도 사실적 진리는 여전히 존재한다고 믿는다. 모든 역사가는 자신의 관점에 따라 역사를 기술하고 또 모든 세대는 자신의 관점에 들어맞도록 사실들을 재조합함으로써 자신의 고유한 역사를 쓸 권리가 있다고 인정하더라도, 우리는 사실적 사태 자체를 건드려서는 안 된다는 것이다.

아렌트는 이 문제를 분명히 보여주기 위해 한 예를 제시한다. 조르주 클레망소(Georges Clemenceau)가 바이마르 공화국 대표와 제1차 세계대전 발발의 책임에 관해 대화를 나누던 중 이런 질문을 받았다고 한다. "당신은 이 논란이 많고 골치 아픈 문제에 대해 미래의 역사가들이 어떻게 생각할 것 같습니까?" 이 질문에 대해 클레망소는 간단히 대답한다. "그것은 잘 모르겠습니다. 그렇지만 그들이 벨기에가 독일을 침공했다고 말하지 않을 것이라는 점은 확실히 알고 있습니다."[10] 역사가와 역사학자 들이 제1차 세계대전의 원인에 관해 아무리 다양한 해석을 내놓는다고 하더라도 독일이 1914년 8월 4일 밤 벨기에를 침공했다는 역사적 사실을 부정할 수는 없다는 것이다. 역사적 사실에 대한 다양한 해석의 가능성을 믿는다고 하더라도 부정될 수 없는 사실적 진리는 존재한다. 우리는 최순실 국정농단 사건에 관해 다양한 의견을 가질 수 있지만, 최순실이 태블릿 PC를 사용했다는 사실은 부인할 수 없다.

사실적 진리는 다양한 해석과 의견을 허용하기 때문에 결코 자명하지 않다. 의견의 경우에 우리의 사고와 판단은 산만하고 유동적이다. 때로는 이 관점을 취했다가, 때로는 저 관점을 취한다. 이렇게 의견과 견해는 모든 관점에서 평가될 수 있기 때문에 공적인 토론과 논쟁에 완전히 노출되어 있다. 서로 대립하고 충돌하는 온갖 종류의 관점을 거쳐야만 다양한 의견과 견해는 비로소 공정한 일반적 관점에 이를 수 있다. 그것이 바로 사실적 진리이다.

이처럼 사실은 다양한 해석을 허용하고, 다양한 관점의 논쟁과 논의는 비로소 사실적 진리를 정당화한다. 우리가 정치적 영역에서 맞닥뜨리는 의견과 견해 들은 불투명하고 모호해서 우리를 혼란스럽

2016년 미국 대통령 선거 공화당 후보 경선에서
시민들에게 연설하는 도널드 트럼프

"진실성이 정치적 덕목에 포함된 적이 없으며,
거짓말은 정치적 거래에서 정당화될 수 있는 도구로
늘 간주되었다."

–《공화국의 위기》중에서

게 만들지만, 그것이 바로 정치의 특성이라고 아렌트는 힘주어 말한다. 동일한 사실이라도 언제나 다르게 말하고 해석할 수 있는 것이 정치적 행위의 특성이라면, 우리는 올바른 판단을 하기 위해서라도 언제나 다양한 관점을 자유롭게 논의할 수 있는 정치문화를 보장해야 한다.

거짓말은 정치적 행위이고, 진리는 비정치적이다. 진리를 말하는 사람은 있는 그대로의 현실을 이야기할 뿐 바뀔 수 있는 현실에 관해서는 말하지 않는다.

올바른 정치적 판단력을 가지려면 진리와 거짓말의 대립보다는 오히려 사실적 진리와 거짓말의 관계에 주목해야 한다. 우리가 정치적 무대에 오르려면 어쩔 수 없이 거짓말을 해야 한다. 거짓말은 정치적 행위에 반드시 필요한 전제조건이다. 이 말은 상당히 도전적이다. 정치꾼들의 수많은 빈말과 거짓말에 넌덜머리가 난 사람들을 다시 한 번 절망의 나락으로 떨어뜨린다. "거짓말쟁이는 행위 하는 사람(man of action)인데, 진리를 말하는 사람은 단연코 아니다."[11] 간단히 말하면 거짓말은 정치적 행위이고, 진리는 비정치적이다. 정치는 우리가 살고 있는 사회를 바람직한 방향으로 바꾸고자 하는 행위이다. 진리를 말하는 사람은 있는 그대로의 현실을 이야기할 뿐, 바뀔 수 있는 현실에 관해서는 말하지 않는다는 것이다.

어떤 사실적 진리가 정치적 함의를 얻으려면 그것을 해석하고 이야기할 수 있는 맥락이 있어야 한다. 정치인들이 즐겨 입에 올리는 것처럼 어떤 정치적 사건과 행위의 옳고 그름은 역사가 평가할 것이라는 말은 역사를 새롭게 쓴다는 의미이다. 그것은 역사적 기록을 바꾸는 것으로서 일종의 정치적 행위이다. 거짓말을 하는 사람들의 방식도 다르지 않다. 그들은 자신의 관점에서 사건을 새롭게 쓰려한다. 자신의 거짓을 실증할 수 있는 힘이 모자랄 때, 그들은 절대적 진리를 주장하는 대신 그것이 단지 그의 '의견'인 것처럼 행동한다. 사실적 진리가 정치적 맥락에서 논의되는 순간 사실적 진리와 의견 또는 진리와 거짓말 사이의 경계선은 흐릿해지기 마련이다.

사실적 진리를 말하는 사람이 정치적 역할을 하고자 한다면, 그는 자신이 생각하는 진리가 왜 특정 권력 집단의 이해관계에 기여할 수 있는지를 길게 설명해야 한다. 정치적으로 의미가 있으려면 그의 의견이 지배적 의견이 되어야 하기 때문이다. 자신이 동질감을 느끼는 특정한 권력 집단의 이해관계를 지지하기 위해 정치 영역에 등장하는 순간 그는 자신의 진술을 타당하게 만드는 유일한 특성인 진실성을 양보해야만 한다. 진리가 우연히 이해관계와 일치하는 경우를 제외하고는 그는 자신이 주장하는 사실적 진리가 그럴듯하게 보이도록 거짓말을 해야 하기 때문이다.

진리를 말하는 사람보다 거짓말을 하는 사람이 정치적으로 유리한 것은 바로 이 때문이다. 그는 항상 정치적 영역의 한복판에서 움직인다. "거짓말쟁이는 이미 정치적 현장의 한가운데 있다는 상당한 이점을 갖고 있다. 그는 본성상 행위자이다. 그는 있는 그대로의 것과는 다른 것들을 바라기 때문에 있지 않는 것을 말한다. 요컨대 그는 세계를 바꾸고자 한다."[12] 거짓말은 이처럼 세계를 바꾸는 행위의 능력과 밀접한 연관성을 갖고 있다. 우리의 현실이 다를 수 있다고 생각하지 않는다면, 우리는 결코 현실을 변화시킬 수 없다. 거짓말은 있는 그대로의 현실을 말하는 것이 아니라 현실에 있지 않는 것을 말하는 것이다. 거짓말은 현실이 다를 수 있다는 것을 강조한다. 이런 점에서 거짓말은 정치적 행위이다. 아렌트는 한 걸음 더 나아가서 "거짓말을 할 수 있는 우리의 능력은 인간의 자유를 확인하는 몇 안 되는 명백한 자료에 속한다."고 말한다.

인간의 자유는 현재의 세계와는 다른 세계에 대한 상상력에 기반을 둔다. 우리는 다른 세계를 꿈꿀 수 있고, 자유롭게 이 세계를 바꿀 수 있다.

> 만일 우리가 생각을 통해 우리 자신을 현재 우리의 몸이 머물고 있는 곳에서 움직일 수 없다면, 현 상태를 현재의 모습과는 다른 모습으로 상상할 수 없다면 그 같은 변화는 불가능할 것이다. 달리 말하면 사실적 진리에 대한 고의적 부정, 즉 거짓말하는 능력과 사실을 변화시키는 소질, 즉 행위 하는 능력은 서로 결부되어 있다. 이 둘은 동일한 근원에 의존한다. 그것은 상상력이다.[13]

거짓말이 종종 현실보다 더 그럴듯하고, 진리보다 훨씬 더 호소력이 있는 것은 바로 이 때문이다. 물론 거짓말이 정치적으로 항상 성공하는 것은 아니다. 거짓말쟁이가 아무리 노련하더라도 결국 현실 앞에서 무너질 수 있다. 폭력적 현실을 정당화하기 위해 전체 역사를 왜곡하려는 전체주의적 시도도 결국은 실패한다. 거짓말은 결코 현실과 사실을 대체할 수 없기 때문이다. "진리는 비록 공적으로 우세하지는 않다고 하더라도 모든 거짓에 대해 확고한 우선성을 갖고 있다."[14]

우리의 정치적 이념을 정당화할 수 있는 사실들은 흘러넘친다.
사실의 범람은 진실을 흐릿하게 만들고 왜곡한다.
결과적으로 현대사회의 조직된 거짓말은
정치적 판단력에 심각한 영향을 끼침으로써 현실을 비튼다.

그렇지만 아렌트는 거짓말에 대한 진실의 우선성을 무의미하게 만드는 새로운 정치적 현상에 주목한다. 거짓말과 정치적 행위의 연관성을 예리하게 끄집어낸 아렌트의 시각이 독창적인 것만큼이나 오늘날 만연한 탈진실 정치를 통해 등장한 "조직된 거짓말(organized lying)"에 대한 예측은 전위적이고 도전적이다. 베트남 전쟁 당시 베트남 연구 태스크 포스에 의해 만들어진 기밀문서인 〈펜타곤 문서〉에 대한 아렌트의 단상은 새로운 종류의 정치적 거짓말을 정확하게 예견한다. 소위 전문가라는 사람들이 만든 〈펜타곤 문서〉가 겉보기에는 국가기밀이라는 이름으로 정부가 독점한 정보와 사실의 문제를 다루는 것처럼 보이지만, 실제로는 엄청난 양의 정보와 사실의 보고가 사실적 진리에 기여하기보다는 어떻게 거짓된 진술과 잘못된 결정을 가져왔는지를 다룬다. 정보와 사실의 보고와 축적이 진실을 밝혀내기보다는 오히려 허위와 기만을 불러온다는 것이다.

아렌트에 의하면 전통적 거짓말과는 질적으로 다른 조직된 거짓말은 두 가지 특징을 갖고 있다. 하나는 '이미지 만들기'이며, 다른 하나는 '전문적 문제 해결사'로 불리는 사람들의 사실 분석이다. 간단히 말하면 현대의 조직된 거짓말은 특정한 이미지를 만들기 위해 정보와 사실을 조합하고 왜곡함으로써 문제를 해결한다는 것이다. 〈펜타곤 문서〉에 담긴 거짓말들은 미국의 권력과 이익을 위한 것도 아니고 또 기밀로 분류될 정도로 적을 향한 것이 아니었다는 것이다. 그것은 대체로 미국 국내 선전용으로, 특히 의회를 속일 목적으로 만들어졌을 뿐만 아니라 대부분은 일간지나 주간지 독자들도 접근할 수 있었던 별로 중요하지 않은 소식들을 드러냈을 뿐이라는 것이다. 그것은 국가의 안보를 위해서가 아니라 국가의 이미지를 위해 거짓말을 한다. 그뿐만 아니라 숫자와 통계를 다루는 문제 해결사들은 정보와 사실을 조합할 뿐 판단을 내리지는 않는다.

그렇다면 이미지를 위해 정보와 사실을 조합하고 조작하는 조직된 거짓말이 왜 문제가 되는 것인가? 아렌트는 거짓말쟁이가 성공하면 할수록 자기 거짓말에 희생될 공산이 크다고 말한다. 더 많은 사람이 믿게 만들기 위해서는 스스로를 기만해야 한다. 오직 자기기만만이 진실성의 외관을 보장한다. 자기 자신을 기만하는 사람들은 한편으로는 스스로 설정한 자기 이미지를 너무 확신하고 다른 한편으로는 사람들을 무한히 조작할 수 있다고 믿기 때문에 다른 사실들에는 관심을 기울이지 않는다. 그들은 사실성이 결여된 세상에서 살아간다. 이처럼 자기기만은 현실 세계의 사실들을 외면한다.

> 비밀과 고의적 거짓이 늘 중요한 역할을 해온 정치 영역에서 자기기만은 가장 큰 위험이다. 스스로 기만당한 기만자는 자신의 청중뿐만 아니라 현실 세계와의 모든 접점도 잃어버리지만, 이 현실 세계는 아직도 그를 따라잡을 수 있다.[15]

오늘날 우리는 정보와 사실이 넘쳐나는 사회에서 살고 있다. 이런 사회에서 우리가 동일시하는 정치적 이념과 이해관계를 정당화할 수 있는 사실들은 흘러넘친다. 소셜 미디어로 대변되는 디지털 정보사회는 이러한 경향을 더욱 부추긴다. 우리가 그 진실성을 주장할 수 있는 사실들을 창조해내는 디지털 정보환경에서 자신의 신념과 일치하는 정보는 받아들이고, 일치하지 않는 정보는 무시하는 확증편향(the confirmation bias)과 자신의 주장을 뒷받침하는 증거나 자료만 선택적으로 제시하는 '체리 피킹(cherry picking)'은 더욱 강화된다.

이러한 경향들은 다른 의견과 관점을 가진 사람들과의 대화와 담론을 약화시킨다. 같은 생각을 가진 사람과의 교류와 융합만 이루어진다면, 자유민주주의 토대는 급격하게 무너질 수 있다. 러시아나 중국처럼 권위주의적 국가체제가 언론의 검열이라는 전통적 방법 외에 정보의 과잉과 홍수를 억압과 통치의 수단으로 사용하는 것은 바로 이 때문이다. 사실의 범람은 진실을 흐릿하게 만들고 왜곡시킨다. 결과적으로 현대사회의 조직된 거짓말은 우리의 정치적 판단력에 심각한 영향을 끼침으로써 현실과 사실을 비튼다. 우리는 어떻게 거짓말이 난무하는 현대사회에서 올바른 방향을 잡을 수 있을까? 아렌트는 이렇게 말한다.

사실들이 권력의 손안에서 안전하지 않다는 것을 명백하다. 그러나 요점은 권력이 그 본성상 결코 사실적 현실의 확실한 안정성을 대체할 무엇인가를 생산할 수 없다는 것이다. 사실적 현실은 이미 과거의 일이기 때문에 우리의 손이 닿지 않는 차원으로 성장했다. 사실들은 완고하다는 점으로 자기주장을 한다. 그리고 사실들의 취약성은 특이하게도 상당한 복원적 탄력성과 결합되어 있다. 사실들의 되돌릴 수 없는 동일한 비가역성은 바로 모든 인간 행위의 특징이다. 그 완고함에 있어서 사실들은 권력보다 우월하다.[16]

정치의 의미는
자유이다.

The meaning
of politics is
freedom.

우리의 자유는
다른 사람들과
'함께할' 때만
실현할 수 있다.

9
지배 관계를 넘어서는 평등의 정치는 가능한가?

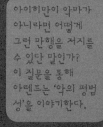

아이히만이 악마가
아니라면 어떻게
그런 만행을 저지를
수 있단 말인가?
이 질문을 통해
아렌트는 '악의 평범
성'을 이야기한다.

사고가 악을 다루는 순간, 사고는
좌절한다. 거기에는 아무것도 없기
때문이다.

The moment it concerns itself
with evil, it is frustrated
because there is nothing.

Amor
mundi

아렌트가 가장 어두운
시대를 경험했으면서도
세계는 변할 수 있다는
희망을 잃지 않은
이유는 무엇일까?

"만약 혁명의 궁극적 목적이 자유였고 또 자유가 출현할 수 있는 공적 공간의 구성, 즉 자유의 구성 (constitutio libertatis)이라면, 모든 사람이 자유로울 수 있는 유일하게 가시적인 공간인 구 단위의 기초 공화 제가 실제로 위대한 공화국의 주요 목적이다."[1]

> 시작은 정치적 행위의 핵심이기 때문에
> 혁명은 정치적 행위 그 자체이다.
> 그러므로 어떤 정치적 행위를 판단하려면
> 우선 그 극단적 형태인 혁명을 이해해야 한다.

    촛불혁명인가 아니면 촛불시위인가? 한국의 정치 지형과 정치 문화를 확 바꿔놓은 2016~2017년의 사건을 놓고 서로 다른 시각이 충돌한다. 최순실의 국정농단 사태에 분노한 시민들이 광장으로 몰려나온 현상을 이해하면서도 어떤 사람들은 '혁명'에 버금가는 정치적 사건이라 주장하고, 어떤 사람들은 권력의 오용과 부패에 저항한 단순한 시위에 불과하다고 깎아내리고자 한다. '시위'라고 말하는 사람들은 대통령의 탄핵으로 인한 정권 변동은 어쩔 수 없이 받아들이더라도 제도와 체제의 근본적인 변화를 가져오는 혁명은 수용할 수 없는 것처럼 보인다. 이에 반해 '이게 나라인가!'라는 실망과 분노로 직접 촛불을 든 시민들은 이제는 모든 것이 새롭게 시작해야 한다는 점에서 '혁명'을 강조한다.

모든 정치적 운동은 무엇인가에 저항하고, 무엇인가를 바꾸려 한다. 우리는 독재에 대한 저항운동이 동시에 민주화의 시작이었음을 잘 알고 있다. 그런데도 이처럼 어떤 정치적 사건을 해석하는 어휘와 용어에 민감한 까닭은 무엇인가? 어떤 어휘를 선택한다는 것은 이미 어떻게 평가하고 해석하는가를 드러낸다. 그것은 또한 특정한 정치적 감정과도 연관되어 있다. 우리가 사용하는 정치적 어휘는 이미 역사적 경험을 통해 형성된 것이기 때문이다. 그러므로 안정과 질서를 선호하는 보수적 성향의 사람들은 정권의 변화는 인정할지언정 혁명과 결합되어 있는 혼란과 무질서를 경계한다. 그들이 기존 체제를 보존하려는 것은 어쩌면 '새로운 시작'을 두려워하기 때문일지도 모른다. 반면, 혁명을 이야기하는 사람들은 이제까지의 사회와는 전혀 다른 새로운 사회가 시작되어야 한다고 주장한다.

혁명이 근본적으로 정치적 변화이긴 하지만, 모든 정치적 변동은 아니다. 이제까지 인류의 역사에서 소요나 반란, 폭동, 내란, 쿠데타 등 수많은 정치적 변동이 있었지만, 새로운 시작을 전적으로 드러내는 혁명은 1787년의 미국혁명과 1789년의 프랑스혁명과 함께 비로소 출현했다. 자유와 평등, 자유주의와 민주주의처럼 혁명과 함께 탄생한 정치 이념들이 아직도 우리 시대와 사회를 지배하고 있다면, 우리는 여전히 "혁명의 세기"[2]에 살고 있다고 해도 과언이 아니다.

프랑스혁명의 진행 과정을 기억하고 있는 우리는 혁명 이후에 벌어진 테러와 공포정치를 두려워하면서도 혁명과 함께 시작될 새로운 정치를 여전히 꿈꾼다. 혁명 이후에 벌어지는 모든 정치 변동을 바라보는 시각에는 이 두 가지가 뒤섞여 있다. 그렇다면 평화적 시위를 통해서 낡은 권위주의 정치체제를 무너뜨리고 새로운 정치를 시작하려고 했던 2016~2017년의 사건은 촛불시위인가 아니면 촛불혁명인가?

미국혁명과 프랑스혁명을 독창적으로 해석한 한나 아렌트의 《혁명론(On Revolution)》은 이 물음에 답할 수 있는 명료한 관점과 기준을 제시한다. 아렌트가 정치적 행위의 특성을 새로운 시작으로 파악했다면, 혁명은 바로 정치적 행위 그 자체라고 할 수 있다. "혁명은 우리에게 '시작'의 문제를 불가피하게 직접 대면케 하는 유일한 사건이기 때문이다."[3] 역사의 과정이 갑자기 새롭게 시작되어 예전에는 결코 들어본 적이 없었던 완전히 새로운 이야기가 펼쳐질 것이라는 혁명의 생각은 18세기에 일어난 두 차례의 대혁명을 통해 비로소 우리의 현실 속으로 들어왔다. 여기서 한나 아렌트는 미국혁명과 프랑스혁명을 비교하면서 새로운 것을 시작하는 인간의 능력에 대한 이야기를 들려준다. 시작은 정치적 행위의 핵심이기 때문에 혁명은 정치적 행위 그 자체이다. 그러므로 어떤 정치적 행위를 판단하려면 우리는 우선 그 극단적 형태인 혁명을 이해해야 한다.

자유만이 혁명의 원인이다.
혁명적이라는 용어는
자유를 목표로 하는 혁명들에만 쓸 수 있다.

아렌트가 풀어내고 있는 혁명은 네 가지 특성을 가지고 있다. 첫째, 혁명은 새로운 것을 시작하는 정치 현상이다. 혁명이라는 단어의 의미는 사실 역설적이다. 혁명을 뜻하는 영어 단어 '레볼루션(revolution)'은 1543년 간행된 니콜라우스 코페르니쿠스의 저서 《천구의 회전에 대하여(De revolutionibus orbium coelestium)》에서 유래한다. 하늘의 별들이 이미 정해진 노선을 따라 규칙적으로 운행하는 반복적이고 순환적인 운동을 뜻하는 천문학적 용어인 '혁명'은 프랑스혁명을 통해 정치적 용어가 되면서 그 뜻이 그야말로 혁명적으로 바뀐 것이다.

혁명이 무엇인지를 알고 싶다면, 우리는 아렌트의 말처럼 혁명이 자체의 모습을 완전히 드러내어 사람들의 마음을 유혹한 역사적 사건에 주목할 필요가 있다. 이 낱말이 처음으로 정치적으로 사용된 17~18세기만 해도 혁명은 복구와 복고를 의미했다. 혁명을 했던 사람들은 본래 프랑스에서처럼 절대군주정에 의해 왜곡되거나 미국에서처럼 식민 정부의 권력 남용으로 교란된 옛 질서를 복원하여 고대적 자유를 되찾고자 했다. 그러나 이들은 혁명이 진행되는 과정에서 복고로는 자유를 확립할 수 없기 때문에 새로운 것을 시작해야 한다는 점을 자각하게 된 것이다.

우리는 무엇인가 새로운 것이 시작되어 역사를 만들기 시작할 때, 그것을 돌이킬 수 없는 불가항력적 사건이라고 판단할 때 혁명이라는 낱말을 사용한다. 자유를 얻기 위해 거리로 쏟아져 나온 시민들의 규모가 너무나 엄청나서 아무도 막을 수 없는 광경을 상상해보라. 아렌트는 분노한 민중에 의해 바스티유 감옥이 함락되었다는 소식이 전해진 1789년 7월 14일 밤 루이 16세와 그의 시종인 라 로슈푸코 공작 사이에 이루어졌던 짧막한 대화를 기억한다. 왕이 "이것은 반란이 아닌가?"라고 외치자 시종은 "아닙니다. 폐하, 이것은 혁명입니다."라고 대답했다고 한다. 여기에서 혁명의 의미는 천체의 운동에서 인간의 행위로, 회전하고 순환하는 운동의 합법칙성에서 역사적 사건의 불가항력성으로 옮겨간다.

우리가 인간의 역사에 관심을 갖게 된 것은 바로 프랑스혁명 때문이다. 프랑스혁명은 역사적 사건이 되었고, 세계 역사를 만들어왔다. 프랑스혁명은 자유의 이념이 발전하는 과정에서 필연적으로 일어날 수밖에 없는 세계사적 사건이었을까? 게오르크 헤겔은 그렇게 본다. 그러나 아렌트의 관점은 여기서 크게 달라진다. 아렌트는 세계 역사를 만드는 것은 새로운 것을 시작하는 사람들의 구체적 행위라고 주장한다. "세계 역사라는 이념 자체는 기원상 분명히 정치적이다. 미국혁명과 프랑스혁명은 그 이념보다 앞선 것이었으며, 모든 인류를 위해 새로운 시대를 이끈 것을 자랑스러워했다."[4] 혁명은 결코 세계 역사의 법칙에 따라 이루어지는 것이 아니라 깨어 있는 시민들의 구체적인 정치 행위로 시작되는 것이다.

9. 지배 관계를 넘어서는 평등의 정치는 가능한가?

둘째, 자유만이 혁명의 원인이다. 아렌트에 의하면 "혁명적이라는 용어는 자유를 목표로 하는 혁명들에만 쓸 수 있다."[5] 그렇다면 혁명은 어떤 자유를 목적으로 하는가? 사람들은 대개 우리를 구속하는 억압에서의 '해방'을 자유라고 생각한다. 우리의 권리를 침해하는 것이 정부 권력이라면, 우리는 이러한 권력에서 해방되려고 한다. 우리의 삶을 억압하는 것이 가난과 공포라면, 우리는 이러한 빈곤에서 해방되기를 바란다. 그렇지만 이렇게 다양한 형태의 억압에서 자유로워지려는 욕구는 군주정 아래에서도 실현되고 충족될 수 있다. 국민의 권리와 복지를 생각하는 계몽 군주가 통치한다고 생각해보라. 군주와 귀족, 귀족과 시민 사이의 투쟁을 통해 확보한 시민권은 대부분 해방의 결과들이다.

그런데 아렌트는 여기서 도전적 주장을 한다. 해방은 자유와 똑같지 않다는 것이다. 해방은 일차적으로 개인이 자유로울 수 있는 권리를 보장한다. 생명, 자유, 재산에 대한 권리들은 모두 이러한 권리를 침해하는 권력에게서 해방된다는 점에서 '소극적 자유'이다. 만약 혁명이 단지 시민권의 보장만 목표로 삼았다면, 그것은 자유를 목표로 한 것이 아니라 권리를 침해하는 정부로부터의 해방을 목표로 한 것이라고 아렌트는 말한다. 해방은 실제로 자유의 조건이기는 하지만, 혁명은 더욱 근본적인 자유를 추구한다.

해방과 자유는 같은 것이 아니라는 말은 진부한 표현일지도 모른다. 해방이 자유의 조건이기는 하지만 결코 저절로 자유와 이어지지는 않는다. 해방에 내재된 자유의 개념은 소극적일 수밖에 없다. 따라서 해방의 의도 역시 자유에 대한 욕망과 다르다. 그런데도 이 자명한 이치가 종종 망각된다면, 그것은 해방의 의미가 항상 확대되어왔기 때문이며, 자유의 확립이 완전히 무용하지는 않았더라도 항상 분명했기 때문이다.[6]

여기서 시민권 같은 소극적 자유는 권력에 의해 허용되거나 보장되어야 할 권리로 이해된다. 법에 의하지 않고는 구속이나 감금당하지 않을 권리, 아무런 제약을 받지 않고 이동할 수 있는 권리 등은 법에 의해 보장된 자유이다. 그것은 엄밀히 말해서 법적 자유이지 정치적 자유가 아니다. 아렌트가 시민권보다 더 본질적이라고 생각하는 것은 바로 정치적 현상으로서의 자유이다. 새로운 것을 시작할 수 있는 정치적 행위로서의 자유는 해방에 앞선다. 혁명이 목표로 삼았던 자유, 혁명을 통해 드러난 정치적 행위로서의 자유는 바로 "공공 문제 참여와 공공 영역의 진입"[7]이기 때문이다.

셋째, 혁명은 "새로운 정치 질서"를 추구한다. 혁명이 소요나 반란, 폭동, 정변에 의한 정치 변동과 근본적으로 다른 이유가 여기에 있다. 프랑스혁명이 분명히 보여준 것처럼 옛 질서의 회복으로는 자유를 확립할 수 없었다. 혁명을 통해 촉발되고 분출된 정치적 삶의 방식인 자유에 대한 욕구는 새로운 정부 형태의 형성을 요구했다는 것이다. "자유에 대한 욕구는 공화정의 수립을 요구했다."[8] 아렌트는 자유를 확립할 수 있는 최선의 정치 질서로 공화정을 제시한다. 아렌트는 여기서 모든 시민이 평등하게 공공 문제에 참여하여 새로운 자유 질서를 만들어내는 권력을 구성할 수 있다는 유토피아적 정치를 꿈꾼다.

자유는 결코 모든 인간의 활동이 아닌 특정한 인간의 활동에만 나타나는 것으로 이해되었다. 이러한 활동은 다른 사람들이 그 행위를 보고 판단하며 기억했을 때만 드러나고 실재화되었다. 자유로운 사람의 삶은 다른 사람들의 존재가 필요했다. 그러므로 진정한 자유를 위해서는 사람들이 모일 수 있는 장소인 아고라(agora), 시장 또는 폴리스(polis), 정치적 공간이 필요했다.[9]

아렌트는 폴리스에서 실현된 고전적 자유를 현대적 조건에서 복원하고자 한다. 사람들이 말과 행위를 통해 공공의 문제에 관한 의사 결정 과정에 평등하게 참여할 수 있는 정치 질서는 우리의 예측과는 달리 민주정이 아니다. 한 사람이 지배하는 정체가 군주정이고, 몇몇 사람이 지배하는 정체가 과두정이라면, 많은 사람이 지배하는 정체는 민주정이다. 모든 권력은 국민에게서 나온다는 민주주의의 기본원칙이 있지만, 민주정 역시 지배자와 피지배자의 관계를 벗어나지 못한다. 그러나 지배 관계는 그것이 어떤 형태이든 간에 정치적 자유를 침해한다.

한나 아렌트에 의하면 동료 시민과 함께하지 않으면 누구도 자유로울 수 없다. 지배자는 다른 사람을 지배함으로써 그 안에서 자유로울 수 있는 동료 집단을 잃어버릴 수밖에 없다. 그렇기 때문에 진정한 자유는 정치적 평등을 전제한다. 아렌트는 자유와 평등을 정치적으로 조화롭게 결합할 수 있는 정치 질서가 바로 지배자와 피지배자를 구분하지 않는 '이소노미아(isonomia)'라고 말한다. 평등을 뜻하는 '이소스(isos)'와 법을 뜻하는 '노모스(nomos)'의 합성어인 이소노미아는 비지배를 의미한다.

지배 관계를 넘어서는 정치 질서는 가능한가? 여기서 우리는 이소노미아의 유토피아적 성격에 현혹될 필요는 없다. 한나 아렌트는 결코 모든 인간이 평등하게 태어나거나 창조되었다고 주장하지 않는다. 사람들은 오히려 본질적으로 평등하지 않기 때문에 법을 통해 자신들을 평등하게 만들어주는 정치적 질서가 필요하다. 한나 아렌트가 염두에 두고 있는 것은 바로 이러한 정치적 평등이다. 사람들이 자유로운 정치적 공간에서 다른 시민들과 함께 공공의 문제에 관해 토의할 수 있는 정치적 자격이 바로 평등이다. 그러므로 평등은 개인의 속성이 아니라 폴리스의 속성인 것이다. 한나 아렌트는 미국혁명과 프랑스혁명에서 광장으로 몰려나간 시민들이 자유롭고 평등하게 새로운 정치 질서를 구성하고 확립할 가능성을 본 것이다.

이처럼 혁명은 새로운 것을 시작하고, 자유를 목표로 하고, 새로운 정치 질서를 확립하려는 정치적 행위이다. 2016~2017년의 정치적 사건은 독재에 대한 민주화 투쟁이 아니었다. 공공의 문제가 시민들에 의해 공개적으로 토의되고 대변되는 것이 아니라 소수의 권력 엘리트에 의해 독점되는 비정치적 현상에 분개한 시민들이 광장에 나가 새로운 것을 시작하려는 운동이었다. 그렇다면 그것은 촛불시위가 아니라 촛불혁명이다. 물론 이 촛불혁명이 새로운 정치 질서를 창조할 수 있을지는 아직 알 수 없다. 모든 혁명이 새로운 이야기를 쓰고자 하지만, 진행 과정에서 여러 요인에 의해 교란되고 왜곡된다. 그러기에 어떤 혁명은 성공하고 어떤 혁명은 실패한다. 아렌트의 미국혁명과 프랑스혁명의 비교는 이 문제에 관해 많은 시사점을 던진다.

프랑스혁명과 미국혁명은 모두 정치적 자유를 목표로 했다.
그러나 프랑스혁명은 사회혁명으로 변질되어 실패했고,
미국혁명은 정치혁명으로 성공하여 공화제를 정립했다.

프랑스혁명은 실패한 혁명이고, 미국혁명은 성공한 혁명이다. 프랑스혁명은 왕의 목을 단두대에서 잘라버렸지만 옛 체제의 목은 여전히 남아 있다는 미셸 푸코의 말처럼 새로운 정치 질서를 확립하는 데 그다지 성공하지 못했다. 반면 미국혁명은 건국하는 과정에서 공화주의적 연방제의 새로운 정치 질서를 확립하는 데 비교적 성공했다. 그런데도 우리가 혁명이라는 말을 들으면 제일 먼저 떠올리는 것은 프랑스혁명이지 미국혁명이 아니다. 그것은 어쩌면 자유와 평등이라는 프랑스혁명의 사상이 역설적이게도 나폴레옹 전쟁을 통해 전 세계로 전파되었기 때문일지도 모른다. 아렌트가 정확하게 지적하는 것처럼 "문제의 슬픈 진실은 재앙으로 끝난 프랑스혁명이 세계 역사를 만들어왔고, 반면 미국혁명은 그렇게 의기양양하게 성공했지만 기껏해야 지역적 차원에서 중요한 사건으로 남았을 뿐이라는 점이다."[10]

여기서 아렌트는 혁명을 바라보는 관점을 뒤집는다. 많은 사람이 프랑스혁명의 관점에서 미국혁명을 해석하는 경향과 달리 아렌트는 성공한 미국혁명의 관점에서 프랑스혁명을 분석하고 비판한다. 두 혁명 모두 자유를 목표로 하는 정치혁명으로 시작했지만 프랑스혁명은 빈곤의 문제를 해결하려는 사회혁명으로 바뀌었기 때문에 실패했고, 미국혁명은 빈곤이라는 사회적 문제가 없었기 때문에 건국의 정치혁명으로 남을 수 있었다는 것이다. 이것이 혁명을 바라보는 아렌트의 독창적 관점이다. 두 혁명의 비교를 통해 혁명이 어떻게 실패할 수 있는가를 알아본다.

첫째, 두 혁명 모두 정치적 자유를 목표로 했지만 프랑스혁명은 사회혁명으로 변질되고, 미국혁명은 정치혁명으로 성공하여 공화제를 정립했다. 한나 아렌트는 근본적으로 필연성의 영역이 끝나는 곳에서 자유가 시작한다는 마르크스의 의견에 동의한다. 우리가 먹고 살기 위한 생존의 필연성에 묶이면 묶일수록 정치적 행위를 덜 하게 되고, 거꾸로 행위를 적게 하면 할수록 생존의 생물학적 필연성은 더 강력하게 나타난다.

프랑스혁명이 일어났을 때 거리로 뛰쳐나온 사람들은 가난한 사람들이었다. 사회적 빈곤이 최초로 출현한 사건이었다. 로베스피에르가 표현한 것처럼 프랑스혁명의 주동 세력인 인민은 항상 "불행한 사람들"과 동의어였다. 혁명론자들이 추구한 것은 정치적 자유였지만, 인민들이 원한 것은 빈곤에서의 해방이었다. 과거에는 실재하긴 했지만 인식되지 않았던 빈곤과 부, 빈부 격차, 부의 분배 문제와 같은 사회적 문제가 혁명 과정에서 불거진 것이다. 사회문제가 비로소 혁명적 역할을 담당하기 시작한 것이다. 인민들은 "빈곤이 인간 조건에 내재되어 있다는 점을 점차 의심하게 되었고, 상황·힘·기만을 통해 빈곤의 속박에서 해방되는 데 성공한 소수의 사람과 빈곤에 찌든 다수 노동자를 구분하는 게 불가피하고 영구적이었다는 것을 점차 의심하기 시작했다."11 빈곤은 우리가 어찌할 수 없는 필연적 인간 조건이 아니라는 의식은 빈곤에서 해방될 수 있다는 혁명적 욕구로 이어진다.

혁명 정부가 자유의 전제정으로 타락한 것은 결국 빈곤의 사회적 문제 때문이었다. 생존을 유지하는 데 필요한 모든 것은 공유제여야 하며, 인민의 복지가 혁명의 가장 신성한 목표가 되었다. 아렌트에 의하면 문제는 바로 여기에서 발생한다. 빈곤은 박탈보다 더 심각한 항구적인 결핍과 처절한 불행 상태이기 때문에 사람들을 필연성의 절대명령에 굴복하게 만든다. 이렇게 되면 사람들은 생존의 절박성과 필연성 때문에 자유를 포기해야만 한다. 혁명의 노선이 바뀐 것이다.

왕과 참주의 음모가 아니라 필연성과 빈곤의 가장 강력한 음모가 그들을 아주 멀리 빗나가게 했고, '역사적 순간'을 망각하게 했다.

그동안 혁명은 방향을 바꾸었다. 그것은 이제 자유를 목표로 하지 않았다. 혁명의 목표는 인민의 행복으로 바뀌었다.[12]

러시아혁명처럼 프랑스혁명은 사회문제를 해결하지 못했기 때문에 실패했다. 우리가 빈곤에서 해방되지 않는다면 결코 자유를 확립할 수 없다. 그렇다면 혁명이 빈곤으로부터의 해방을 목표로 설정할 때 자유의 문제는 뒷전으로 물러날 수밖에 없는 것이다. 프랑스혁명의 교훈은 자유와 빈곤이 양립할 수 없다는 사실이다.

이에 반해 미국혁명의 경우 빈곤의 문제가 제기되지 않았다고 아렌트는 분석한다. 당시 뉴잉글랜드의 모든 사람은 비교적 풍요로웠을 뿐만 아니라 가난하더라도 근면하면 부유해질 수 있다는 신념 덕분에 불행하지는 않았기 때문에 건국자들의 마음을 사로잡은 것은 자유의 확립이었다.

미국혁명의 방향은 자유를 확립하고 지속적인 제도들을 설립하는 데 집중되었다. 이러한 방향에 따라 행동하는 사람들에게는 시민법의 영역 밖에 있는 어느 것도 허용되지 않았다. 프랑스혁명은 고통의 직접성 때문에 거의 처음부터 이러한 형성 과정으로부터 이탈하여 다른 방향으로 전개되었다. 프랑스혁명 과정은 전제정으로부터의 해방이 아닌 궁핍으로부터의 해방이라는 긴박성에 의해 결정되었다.[13]

프랑스혁명이 통일된 여론을 대변하는 국민을 전제했다면,

미국혁명은 다양한 의견을 자유롭게 표출할 수 있는 시민을 추구했다.

둘째, 프랑스혁명과 미국혁명은 정치적 행위의 주체를 바라보는 시각에서도 차이가 난다. 프랑스혁명을 통해 절대군주의 목이 떨어졌을 때 절대군주의 자리를 차지한 것은 인민이나 국민이었다. 혁명 참가자들은 행동을 시작해야만 하는 바로 그 순간에도 절대자를 필사적으로 찾는다. 이 순간부터 국민은 하나의 전체로서 모든 권력을 정당화하는 절대자가 된다. "공법의 관점에서 국민은 절대군주와 마찬가지로 오류를 범할 수 없다. 국민은 지구상에 있는 하나님의 대리인이기 때문이다."[14] 국민주권의 원리라는 이름으로 거의 모든 민주주의 국가 헌법에 명시되어 있는 국민은 도대체 누구인가? 국민은 자유 질서의 확립에 어떻게 기여하는가?

아렌트는 프랑스혁명이 다수의 의견을 조정할 수 있는 정치 질서보다는 절대군주를 대체할 수 있는 "하나의 분리 불가능한 국민"[15]을 설정했기 때문에 실패했다고 질타한다. 국민의 이익을 대표하는 하나의 의지로서 '일반의지(general will, volonté générale)'를 발전시킨 장 자크 루소가 대표적이다. "일반의지인 이 인민의 의지가 가지고 있는 두드러진 특징은 만장일치였다. 그리고 로베스피에르가 '여론'을 지속적으로 언급했을 때, 그는 다수가 공적으로 합의한 의견이 아니라 일반의지의 만장일치를 생각하고 있었다."[16]

이런 일반의지는 존재하지 않으며, 설령 이론적으로 전제할 수 있다고 하더라도 경험적으로 확인할 수 없다. 자신의 부당한 권력이나 권력 행사를 정당화하고자 할 때마다 국민을 들먹이는 독재자들을 상상해보라. 그들은 언제나 자신의 특수 이익을 국민 전체의 이익으로 위장한다. 이런 점에서 "프랑스의 인민 개념은 애초부터 수많은 머리를 가진 괴물, 즉 하나의 조직으로 움직이고 마치 하나의 의지에 사로잡힌 듯 행동하는 대중이라는 함의를 지니고 있었다."[17]

반면 미국혁명에서 인민이라는 용어는 다수성, 다양성 및 다원성의 의미를 지니고 있었다. 그렇기 때문에 미국혁명 참가자들은 처음부터 여론에 의한 만장일치에 반대했다. 그들은 "공화국에서 공공 영역이 동등한 사람들 간의 의견 교환을 통해 형성되었다는 것을 알았으며, 동등한 사람들이 모두 우연히 동일한 견해를 갖게 되었기 때문에 의견 교환이 잉여적이 되는 순간 이 영역은 곧 사라진다는 것을 알았다."[18]

공공 영역을 구성하는 것은 독자적인 의견을 갖고 있는 다수의 평등한 시민이다. 정치적 자유에서 중요한 것은 의견의 독립성, 자율성과 다원성이다. 사람들이 다른 사람들과 자유롭게 의사소통을 하고 자신들의 의견을 공적으로 펼칠 수 있는 곳에서만 의견들이 발생한다. 다수는 원천적으로 하나의 의견을 형성하지 못하기 때문에 통일된 여론은 의견의 죽음을 의미한다. 이런 점에서 프랑스혁명은 통일된 여론을 대변하는 국민을 전제했다면, 미국혁명은 다양한 의견을 자유롭게 표출할 수 있는 시민을 추구했다고 볼 수 있다. 프랑스혁명이 자유의 전제정으로 변질될 가능성을 처음부터 갖고 있었다면,

미국혁명은 공화정으로 발전할 수 있는 정치적 잠재력을 갖고 있었던 것이다.

대의민주주의는 피치자가 통치자를 어느 정도 통제할 수 있을 뿐이며 시민들이 공적 문제의 참여자가 된다는 것을 의미하지 않는다. 아렌트는 평등한 사람들이 공적인 논쟁을 통해 정치에 참여하는 비지배의 정치 형태를 꿈꾼다.

프랑스혁명을 통해 표출된 자유를 제도화하려면 이를 실현할 수 있는 공적 공간이 필요하다. 평범한 시민들이 모여 공동의 문제에 관해 발언하고 행동함으로써 서로를 드러내고 관계를 맺는 공적 공간은 아렌트가 정치적 이상으로 생각하는 공화주의의 핵심이다. 자유는 자유를 실현할 수 있는 공간과 그곳에서 시민이 언어와 행위를 통해 참여함으로써 실현된다. 아렌트는 프랑스혁명이 이러한 공적 공간을 구성할 수 있는 공화정을 파괴했기 때문에 실패했고, 미국혁명은 알렉시 토크빌이 말한 것처럼 자발적 결사 속에서 이루어지는 자치의 경험을 공유했기 때문에 성공했다고 판단한다.

만약 혁명의 궁극적 목적이 자유였고 또 자유가 출현할 수 있는 공적 공간의 구성, 즉 자유의 구성이라면, 모든 사람이 자유로울 수 있는 유일하게 가시적인 공간인 구 단위의 기초 공화제가 실제로

위대한 공화국의 주요 목적이다.[19]

한나 아렌트의 정치사상은 공화주의를 지향한다. 그것은 우리가 헌법에 의해 보장된 자유와 권리를 누리기 위해서는 자유가 출현할 수 있는 공적 공간이 구성되어야 한다는 의미이다. 동어 반복으로 들릴 수 있지만, "자유로울 수 있는 자유"가 선행되어야 한다는 것이다.

이를 이해하려면 두 혁명의 실패와 성공의 원인을 정확하게 이해할 필요가 있다. "혁명의 목적이 자유의 확립이고, 반란의 목적은 해방"[20]이라는 아렌트의 말은 미국혁명과 프랑스혁명의 차이를 뚜렷하게 보여준다. 프랑스혁명은 본래 자유의 확립을 목표로 삼았지만 해방과 자유를 구분하지 못했기 때문에 시민의 권리를 억압하는 절대 권력에게서 해방되길 바라는 반란으로 전락했다는 것이다. 프랑스혁명은 시민적 자유를 헌법적 보장을 통해 보호하는 데 주력했다.

이런 관점에서 보면 독재도 헌법적으로 시민의 자유를 보장할 수 있다. 이러한 정치는 언제든지 전제정으로 변질될 수 있다. "전제정은 통치자가 영역의 법에 따라 통치하더라도 행위의 권리를 자신을 위해 독점하고, 시민들을 공공 영역에서 추방해 가정이라는 사적인 영역으로 내몰며, 시민들에게 사적인 일에만 몰두하라고 강요하는 정부 형태다."[21] 이러한 전제정은 사적 권리를 반드시 박탈하지 않더라도 공적 자유는 박탈한다. 아렌트가 공화정을 통해 실현하고자 하는 '자유의 구성(Constitutio Libertatis)'은 정치적 행위가 이루어질 수 있는 공적 공간의 확립이다.

첫째, 공화정의 토대는 '공적 자유'이다. 우리는 일반적으로 자유를 자신의 마음대로 행동할 수 있는 권리 또는 자신의 의지에 의한 자유로운 선택으로 이해하는 경향이 있다. 사상의 자유, 표현의 자유, 이동의 자유 등은 모두 개인의 주관적 권리이다. 이에 반해 아렌트는 "자유란 공적으로만 존재할 수 있다."[22]고 거듭 강조한다. 간단히 말해 공적 자유는 공적 업무에 참여하는 것이다. 남자든 여자든, 어른이든 어린아이든, 부자이든 가난한 사람이든, 고귀한 사람이든 미천한 사람이든, 현명한 사람이든 우매한 사람이든, 배운 사람이든 배우지 못한 사람이든 상관없이 누군가 보이는 공적 장소이면 어디서든지 자신의 말을 자유롭게 발언할 수 있고, 자신의 말이 경청되고 인정받는 공적 공간이 가장 기초적인 것이다. 이런 공간에서 논의와 심의 그리고 정책 결정에 참여하는 것은 자신들의 이익 때문이 아니라 그 자체로 의미 있는 일이기 때문이다. 이러한 공적 참여와 자유가 시민들에게 주는 기쁨을 아렌트는 "공적 행복"이라고 말한다. "이 자유는 시민이 공공 영역에 접근하는 권리이며, 공권력을 공유하는 것, 즉 토머스 제퍼슨의 매혹적인 문구로 표현하자면 통치 업무의 참여자가 되는 것이다."[23]

둘째, 공적 공간의 제도화는 헌법을 제정함으로써 이루어진다. 새로운 정치 질서를 시작하고 확립하는 모든 정부를 우리는 입헌 정부라 부른다. 우리는 헌법이 권력을 제한하고 시민에게 권리를 보장하는 것으로 이해한다. 물론 우리가 시민사회에서 누리고 있는 모든 자유와 권리는 헌법에 의해 보장된다. 그런데 여기서 아렌트는 정부

박근혜 정권을 무너뜨린 2016~2017년 촛불혁명

"혁명적이라는 용어는
자유를 목표로 하는 혁명들에만 쓸 수 있다."

-《혁명론》중에서

가 인민에게 부여하는 헌법과 인민이 정부를 구성하기 위해 제정한 헌법을 구별한다. 혁명에서 "중요한 문제는 확실히 권력을 어떻게 제한하는가의 문제가 아니라 권력을 어떻게 확립하는가의 문제였으며, 정부를 어떻게 제한하는가의 문제가 아니라 새로운 정부를 어떻게 수립하는가의 문제였다."[24]

아렌트는 헌법을 정치 질서를 규정한 법조항이라기보다는 일종의 정치적 행위로 이해한다. 헌법은 정부의 행위가 아니라 정부를 구성하는 인민의 행위다. 헌법 제정의 주체인 인민의 지지를 통해 헌법의 권위가 보장되지 않는다면, 헌법은 공적 공간은커녕 권리마저 제대로 보장하지 못한다. 프랑스혁명이 일어난 1789년부터 제3공화국 시기인 1870년까지 무려 14개의 헌법이 존재했다는 사실은 시민의 참여가 얼마나 중요한가를 잘 말해준다.

셋째, 정치에 참여하는 다수의 시민 사이에 이루어지는 상호 신뢰와 협약이 공화주의적 참여의 원리이다. 헌법은 항상 이를 제정할 수 있는 권력을 전제한다. 공화주의는 근본적으로 "권력은 인민에게 있다(potestas in populo)."라는 로마 공화정의 전통을 따른다. 그렇다면 헌법을 제정할 수 있는 권력은 국민에게서 나오는 것이다. 여기서 시민들이 어떻게 헌법 제정의 권력을 만들고 참여하는가의 문제가 제기된다.

상호계약에서는 권력이 약속이라는 수단을 통해 구성된다. 상호계약은 그 안에 공화주의 원리와 연방 원리를 포함하고 있다. 공화주의 원리에 따르면 권력은 국민에게 있으며, 여기서 '상호 복종'은 통치자의 지위를 부조리한 것으로 만든다. '국민이 통치자라면, 누가 지배를 받아야 하는가?[25]

국민은 한 건축가가 건물을 짓듯이 헌법을 만들지 않는다. 국민은 다양한 의견을 가진 다수의 시민으로 구성되어 있기 때문이다. 그렇기 때문에 한나 아렌트는 건국과 헌법의 제정은 한 건축가의 위력에 의한 것이 아니라 상호 약속과 공동 심의를 통해 "결합된 다수의 권력"[26]에 의한 것이라고 강조한다.

여기서 우리는 한 가지 의심을 지울 수 없다. 자유를 확립할 수 있는 권력이 시민들의 상호 약속과 서약을 통해 존재하게 된다는 아렌트의 생각은 너무 유토피아적인 것은 아닌가? 아렌트가 공화정의 모델로 설정한 미국 건국 초기의 소도시와 지방 자치는 오늘날 훨씬 더 복잡해진 정치 질서에 과연 적합한가? 물론 공개적인 토론과 공적인 논쟁을 통해 의견이 형성되지 않는다면 공화주의적 정부 형태는 자칫 '선거에 의한 독재정(elective despotism)'으로 변질될 수 있다는 아렌트의 지적은 여전히 타당하다. 설령 모든 일이 헌법의 틀 안에서 헌법 규정에 따라 결정된다고 하더라도, 또 헌법이 시민들의 자유와 권리를 보장한다고 하더라도 시민들이 공적인 공간에서 자유롭게 말하고 행동할 수 없다면, 그것은 왜곡된 민주주의라는 것이다.

이런 맥락에서 아렌트는 대의민주주의와 양당 정치체제를 신랄하게 비판한다. 오늘날 우리는 우리의 이익과 복지를 대변할 수 있는

9. 지배 관계를 넘어서는 평등의 정치는 가능한가?

정치적 엘리트를 선출하는 것으로 정치에 참여한다고 생각한다. 그렇지만 이러한 대의민주주의는 피치자가 통치자를 어느 정도 통제할 수 있게 되었다는 것을 의미할 뿐이지, 시민들이 공적 문제의 참여자가 된다는 것을 의미하지는 않는다. 우리는 또한 대표자와 유권자, 국민과 의회 사이의 소통이 이루어지면 민주주의가 잘 실행된다고 생각하지만, 그것은 엄격히 말해 시민들의 공적 참여를 의미하지 않는다. "이러한 의사소통은 결코 동등한 사람들 사이의 의사소통이 아니라 지배하고자 하는 사람들과 지배받기로 동의한 사람들 사이의 의사소통이다. '인민에 의한 인민의 정부'라는 공식을 '인민에서 배출된 엘리트에 의한 인민의 정부'라는 공식으로 대체하는 것이 정당 체제의 본질에 속한다."27

그러나 아렌트가 꿈꾸는 공화정은 평등한 사람들이 공적인 논쟁을 통해 정치에 참여하는 비지배의 정치 형태이다. 지배 관계를 넘어선 정치가 과연 가능한가? 정치권력을 위임받은 통치자를 국민이 직접 뽑고, 또 이 정부가 국민의 자유와 복지를 목표로 한다면, 현재의 대의민주주의는 적어도 차선의 제도는 아닌가? 그러나 대의민주주의는 정치적 엘리트인 "소수가 적어도 가정상으로는 다수를 위해 지배하는 정부 형태"이긴 하지만 "공적 행복과 공적 자유가 다시 소수의 특권이 되었다는 점에서는 과두적이라고 할 수 있다."28 아렌트가 문제 삼고 있는 것은 이러한 엘리트가 어디에서도 시민들이 공공 문제의 참여자가 될 수 있도록 하지 않았다는 사실이다.

현재의 민주주의 정부는 우리에게 복지국가라는 이름으로 자유와 권리뿐만 아니라 행복과 복지를 보장할지도 모른다. 그러나 그것은 정치적 자유의 관점에서 볼 때 상당히 위험한 유혹이다. 만약 지배 엘리트와 인민, 공적 공간을 구성하는 소수와 그 밖에서 삶을 영위하는 이름 없는 다수 사이의 관계가 바뀌지 않았다면, 시민들이 스스로 공적 활동에 참여할 수 있도록 만드는 혁명이 필요할지도 모른다.

정치의 의미는 자유이다.

The meaning of politics is freedom.

우리의 자유는 다른 사람들과 '함께할' 때만 실현할 수 있다.

10
어떻게 정치의 규칙을 만들 수 있는가?

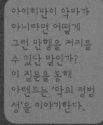

아이히만이 악마가 아니라면 어떻게 그런 만행을 저지를 수 있단 말인가? 이 질문을 통해 아렌트는 '악의 평범성'을 이야기한다.

사고가 악을 다루는 순간, 사고는 좌절한다. 거기에는 아무것도 없기 때문이다.

The moment it concerns itself with evil, it is frustrated because there is nothing.

Amor mundi

아렌트가 가장 어두운 시대를 경험했으면서도 세계는 변할 수 있다는 희망을 잃지 않은 이유는 무엇일까?

"옳고 그름을 여전히 구별할 수 있었던 소수의 사람들은 실로 그들 자신의 판단에 따라 나아갔다. 그리고 그들은 아주 자유롭게 행했다. 그들이 직면하고 있는 개별 사건들에 적용할 수 있는, 그들이 지켜야 할 규칙들은 존재하지 않았다. 그들은 각각의 일들이 일어날 때마다 결정을 내려야 했다. 왜냐하면 선례가 없는 일에는 규칙도 없기 때문이다."[1]

'판단' 문제가 아렌트의 마지막 핵심 문제였다는 것은 결코 우연이 아니다.
이해할 수 없는 전체주의를 이해하려고 시작한 아렌트의 지적 여정은
결국 정치적 판단력의 문제에 이른다.

정치의 본성은 무릇 정치가 실패할 때 드러나는 법이다. 정치의 공공성을 파괴함으로써 시민의 자유를 심각하게 훼손한 박근혜 정권을 무너뜨린 '촛불혁명'은 그 성공을 간절히 바라는 국민의 마음을 저버리는 것처럼 보인다. 사람이 사람답게 살 수 있는 나라다운 나라를 건설해야 한다는 뜨거운 열정으로 참여했던 촛불혁명은 이제 역사의 한 사건으로 관찰되고 있다. 무엇이 잘못된 것일까? 프랑스혁명으로 루이 16세의 목은 단두대에서 잘렸을지 모르지만 절대주의 체제의 목은 여전히 굳건하게 붙어 있었다는 역사적 분석처럼 오랫동안 지속된 우리 사회의 체제와 구조가 혁명정신을 메마르게 한 것일 수도 있다. 촛불정신에 따라 적폐를 청산하고 국가의 모든 제

도를 정의의 원칙에 따라 다시 짜겠다는 다짐이 퇴색한 것은 정권을 잡은 사람들이 권력에 의해 변했기 때문인지도 모른다.

정치란 본래 끊임없이 변화하는 인간사를 다루기 때문에 변하는 것이다. 정치의 대상인 인간사가 변하기 때문에 정치인이 변화하는 것인지, 아니면 정치적 행위자가 변하기 때문에 정치가 변하는 것인지는 모르지만, 한 가지 분명한 것은 인간사가 본래 뜻대로 되는 것이 아니기 때문에 더욱 건강한 판단력이 필요하다는 사실이다. 의도는 좋지만 일을 추진하다 보면 뜻하지 않은 결과를 낳기도 하는 것이 바로 정치이다. 정치는 사람을 결코 도덕적으로 평가하지 않는다. 심성이 착하고 부드럽지만 정치적으로는 무능하다는 평가를 받을 수도 있고, 특정 영역의 전문 지식을 갖고 있지만 정치적인 판단력이 모자라다는 평가를 받을 수도 있다. 이러한 평가들 역시 정치평론가라 불리는 전문가들에 의해 이루어지는 것이 아니라 지극히 평범한 시민들이 상식을 바탕으로 내린다.

그렇다면 정치적으로 현명하거나 재능이 있다는 것은 무엇을 말하는가? 정치적으로 좋은 판단력을 가진다는 것은 무엇을 의미하는가? 우리가 어떤 사건을 정치적으로 판단하거나 정치인의 자질을 판단할 때, 그 판단이 옳은지 그른지 구별할 수 있는 객관적 기준은 존재하지 않는다. 그렇지만 우리가 정치인을 맹렬하게 비난하거나 안타깝다고 말할 때마다 어김없이 등장하는 것이 정치적 판단력이다. 그들은 대체로 정치를 잘 모른다거나 아니면 정치적 판단력이 없다고 비난받는다. 우리는 정치인들이 편견과 열정 때문에 현실을 제대로 보지 못한다고 불평한다. 현실의 무엇을 보지 못한다는 것인가? 정치적으로 성공하지 못한 사람들에게는 또한 우리가 살고 있는 시대를 제대로 파악하지 못했다는 비난이 뒤따른다. 시대의 격류에 휩쓸린 사람들이 과연 바깥에 서 있는 사람들처럼 시대의 흐름을 조망할 수 있을까? 그들이 보지 못하도록 만든 원인이 무엇이든—실현할 수 없는 미래의 꿈에 매달리는 이상주의일 수도 있고, 눈앞의 이해관계에만 집착하는 현실주의일 수도 있다—그들이 보지 못하는 것은 분명 '현실'과 '시대'이다. 문제는 이 두 가지가 모두 변화한다는 점이다.

우리는 어떻게 끊임없이 변화하는 현실 속에서 개혁의 기준을 마련하고, 방향을 가늠할 수 없는 시대의 한가운데서 역사적 방향을 판단할 수 있는가? 이 물음과 관련된 '판단'의 문제가 한나 아렌트의 마지막 핵심 문제였다는 것은 결코 우연이 아니다. 이해할 수도 없고 용서할 수도 없는 전체주의를 이해하려고 시작한 아렌트의 지적 여정은 결국 정치적 판단력의 문제에 이른 것이다. 잘 알려진 것처럼 아렌트는《정신의 삶(The Life of Mind)》의 제3부에서 판단의 문제를 다루려고 했지만, 갑작스러운 죽음으로 '사유(Thinking)'와 '의지(Willing)'만 완성했고, 세 번째 부분인 '판단(Judging)'은 쓰지 못했다. 그녀가 죽은 후 그녀의 타자기에는 '판단'이란 제목과 두 개의 머리 인용문을 제외하곤 빈 채로 남아 있는 종이가 발견되었다고 한다. 정치적 판단이 지식 판단이나 도덕 판단처럼 간단치 않음을 암시하는 것일까.

아렌트의 독창성은 이전의 철학자들과는 달리 정치적 판단을 독립적인 문제로 접근했다는 점뿐만 아니라 행위와 사유의 관계에서 조망했다는 점에 있다. 아렌트가 판단의 문제에 관심을 기울이게 된 계기는 두말할 나위 없이 1961년의 아이히만 재판이다. 칸트의 도덕 법칙을 잘 알고 있을 뿐만 아니라 법을 준수하는 아이히만이 엄청난 반인륜적 범죄를 저질렀다는 사실은 판단의 문제를 제기한다. 아이히만의 가장 두드러진 특성은 결코 도덕적 타락이나 어리석음과 사악함이 아니었다. '악의 평범성'으로 표현되는 그의 특징은 아렌트가 '무사유(thoughtlessness)'[2]로 서술한 것이었다. 생각이 없다는 것, 생각할 줄 모른다는 것은 자기가 무엇을 하고 있는지 깨닫지 못한다는 의미이다.

우리는 모두 각자 자신의 안에 아이히만을 갖고 있다고 해도 과언이 아니다. 우리가 매일매일 경험하는 사유의 부재가 악행을 유발할 수 있다는 점을 인정한다면, 우리는 자연스럽게 아렌트를 따라 판단의 문제로 나아간다. 아렌트는 《정신의 삶》 '사유' 편에서 이렇게 묻는다. "선악의 문제, 즉 옳고 그름을 말하는 능력은 우리의 사유 능력과 연계될 수 있을까? …… 우연히 발생하거나 관심을 끄는 모든 것을 결과나 특이한 내용에 관계없이 검토하는 습관, 즉 사유 활동 자체는 악행을 자제하도록 하는 조건들에 포함될 수 있지 않을까? 아니면 악행에 맞서는 실제적 '조건'이 될 수 있지는 않을까?"[3] 여기서 생각한다는 것은 어떤 사건을 결과와 내용에 관계없이 검토하는 것이다. 이 사건이 정치적 인간관계에서 비롯하는 것이어서 보편적 법칙으로 포괄될 수 없다면, 사유는 각각 상이하고 특수한 사건들을 검토할 수 있는 판단력을 요구한다.

아렌트가《인간의 조건》에서 이제까지 서양 전통에서 망각되고 경시되었던 '활동적 삶(vita activa)'에 주목함으로써 정치를 행위의 관점에서 이해하고자 했다면,《정신의 삶》에서는 활동적 삶의 짝이라고 할 수 있는 '관조적 삶(vita contemplativa)'에서 정치적 행위를 사유의 관점에서 조망하고 있는 것이다. 정치에서 생각과 행위는 필연적으로 연결되어 있다. 멍청한 정치인들을 보면 대개 생각 없이 말하고 행동하지 않는가. 물론 그들이 한때는 잘나가는 법률인, 성공적인 경제인 또는 명망 높은 교수처럼 엄청난 지식을 가진 전문가들일 수도 있지만, 정치적 판단력은 결핍되어 있는 경우가 많다. "판단력의 결핍은 본래 사람들이 멍청이라고 부르는 것인데, 이러한 결함은 어떤 약으로도 고칠 수가 없다." 칸트의 이 말은 핵심을 찌른다. 지식이 많다고 판단력이 뛰어난 것은 아니다. 세상에는 전문가 멍청이도 많다. 칸트는 이렇게 덧붙인다. "대단한 학자들이라도 학식의 사용에서 개선될 수 없는 판단력의 결핍이 자주 눈에 띄는 것은 기이한 일이 아니다."[4] 정치에서 생각과 행위를 연결하는 것은 바로 판단력이다. 그러므로 정치인이 생각 없이 말하고 행한다는 것은 판단력이 결여되어 있다는 의미이다.

정치적 판단은 특수한 상황에서 이루어지는 특수한 행위를 대상으로 한다. 구체적 현실에서 개별적 사건을 판단하기 위해서 필요한 것이 바로 판단력이다.

그렇다면 우리는 어떻게 생각하고 행위를 할 수 있는가? 여기서 우리는 정치적 행위의 딜레마에 빠지게 된다. 너무 생각하면 행위를 하지 못하고, 조급하게 행동하다 보면 생각을 놓칠 수 있다는 일상적 경험은 사유와 행위의 관계가 얼마나 어렵고 복합적인가를 잘 말해준다. 우리가 생각하고 판단하려면 일단 멈춰서야 한다. 판단은 '멈추고 생각할(to stop and think)' 여유를 요구한다. 여기서 모든 어려움이 시작된다. 어떤 사건을 판단하려면 거리를 두고 전체를 조망할 수 있는 관찰자가 되어야 하지만, 행위자로서는 사건에 적극 참여해야 한다. 우리는 어떻게 사건에 관여된 행위자이면서 동시에 사건을 올바로 판단할 수 있는 관찰자가 될 수 있는가? 우리는 사건에 거리를 둔 관찰자이면서 동시에 현실적으로 행동하는 행위자가 될 수 있는가? 간단히 말해, 우리는 어떻게 '참여적 관찰자' 또는 '관조적 행위자'가 될 수 있는가? 아렌트의 마지막 관심과 작업은 이 물음에 매달린다. 한나 아렌트는 칸트의 《판단력 비판》에서 이 문제를 풀 수 있는 실마리를 발견한다.

본래는 '취미 비판'으로 불렸던 '판단력 비판'에서 정치적 판단의 실체를 발견했다는 점에서 아렌트의 독창성이 다시 한 번 부각된다.

정치적 판단은 근본적으로 미적 취미판단과 유사하다. 정치는 지식이 아니라 예술이다. 만약 정치가 다양한 사람이 함께 어울려 살면서 말과 행위를 통해 서로 다른 개성을 드러내는 행위라고 한다면, "공연예술은 정말로 정치와 강한 연관성을 갖고 있다. 행위를 하는 사람들은 그 앞에 나타날 다른 사람들의 존재가 필요한 것처럼, 무용가, 연극배우, 음악가 등등과 같은 공연예술가들은 그들의 기교를 보여줄 수 있는 관중이 필요하다. 양자는 그들의 작품을 위해 공적으로 조직된 공간이 필요하다."[5] 공연예술과 같은 정치 행위를 판단하는 것은 아름다움과 추함을 말하는 판단 능력과 본질적으로 연관되어 있다는 것이다.

미적 판단이 아름다움 자체를 다루는 것이 아니라 개별적인 특수한 대상을 다루는 것처럼, 정치적 판단 역시 특수한 시대적·역사적 상황에서 이루어지는 특수한 행위를 대상으로 한다. 우리는 아름다움에 관한 보편적 기준과 규칙이 없어도 특수한 대상을 아름답다고 판단한다. 특별한 장미를 보면서 "이 얼마나 아름다운 장미인가!"라고 판단할 때, 우리는 결코 논리적 추론을 통해 이 판단에 이르지 않는다. "모든 장미는 아름답다. 이 꽃은 장미이다. 그러므로 이 장미는 아름답다." 우리는 결코 이렇게 판단하지 않는다. 어떤 순간 특정한 장미가 마음에 들 때 아름답다고 판단할 뿐이다. 여기서 아렌트는 미적 판단이 관조적인 기쁨, 사심이 없는 즐거움에서 일어난다는 칸트의 말에 주목한다. 아름다운 것은 아무런 이유 없이 우리의 마음에 드는 것이다.

정치도 이와 크게 다르지 않다. 어떤 정치인과 그의 정치적 행위에 대해 불평을 할 때는 대개 우리의 마음에 들지 않기 때문이다. 우리는 물론 판단을 내린 다음에야 마음에 들지 않는 갖가지 이유를 찾고 또 찾아내기도 하지만, 우리의 일차적 정치 판단은 취미판단과 다를 바 없다. 끊임없이 변화하는 구체적 상황에서 이루어지는 개별적인 행위를 포괄할 수 있는 정치의 객관적 기준과 규칙은 존재하지 않기 때문이다. 객관적 규칙은 없고 다양한 구체적 사례와 사건만 있을 때 이들로부터 규칙을 만들어내면서 동시에 판단하는 것이 정치적 판단이다. 그렇기 때문에 정치는 종종 예술로 정의된다.

구체적 현실에서 개별적 사건을 판단하기 위해서 필요한 것이 바로 판단력이다. 이 판단력에 관한 지식이 어떤 종류의 것인지를 설명하기는 결코 쉽지 않다. 오직 비유적으로 해명할 수 있을 뿐이다. 우리는 종종 어떤 정치인들은 특수한 정치적 상황의 윤곽과 질감을 예리하게 포착하는 능력을 갖고 있다고 말한다. 그들은 현실에 대한 좋은 촉수와 안테나를 갖고 있다고 말하기도 하고, 예리한 눈과 밝은 귀를 갖고 있다고도 한다. 간단히 말해 '좋은 정치적 감각'을 갖고 있다는 것이다. 여기서 말하는 정치적 감각은 결코―이사야 벌린(Isaiah Berlin)이 정확하게 지적한 것처럼―초자연적이거나 형이상학적인 것이 아니다. "우리가 말하는 것은 평범한 정신이 파악할 수 없는 무엇인가를 꿰뚫어 볼 수 있는 마법의 눈이 아니다. 우리가 말하는 것은 그것이 작동하는 방식에서 완전히 평범하고, 경험적이고, 유사 미학적인 무엇인가이다."[6] 공적 공간에서 이루어지는 정치적 행위를 이해하고 올바로 판단하려면, 우리는 무엇이 우리의 마음에 들고 또 무엇이 우리의 마음에 들지 않는지를 말할 수 있는 판단력을 갖고 있어야 한다.

우리는 정치적 행위에 대해
어떻게 옳고 그름을 말할 수 있는가?
관찰자와 일치하는 생각과 행동이
정치적으로 옳은 것이다.

정치적 판단은 우리의 공적 삶과 연관된 구체적 사건들을 대상으로 한다. 아름다움과 추함을 말할 수 있는 객관적 기준이 없어도 미적 판단을 하는 것처럼, 우리는 수많은 개별적 정치 사건과 행위를 포괄할 수 있는 보편적 기준이 없지만, 정치적으로 옳고 그름을 말한다. 인권이나 인간 존엄 같은 도덕적 규범들이 정치적 행위의 한계를 설정하기는 하지만, 정치가 도덕적 규범을 실현하기 위해 존재하지는 않는다. 마키아벨리 이래로 정치와 도덕을 분리하는 게 일반적이지만, 우리는 여전히 정치적 행위를 도덕적으로 판단한다. 이 판단력은 가르쳐질 수 있는 것이 아니고 오직 실천될 수 있는 것이다.

아렌트는 우리가 '어떻게' 정치적 판단을 하는지 알게 되면 어느 정도는 정치적 행위를 판단할 수 있는 기준도 얻게 될 것이라고 확신한다. 첫째, 정치적 행위를 판단하려면 한낱 관찰자(spectator)의 태도를 취할 줄 알아야 한다. 우리가 어떤 장미를 사심 없이 바라보면서 느끼는 관조적 기쁨에서 아름답다고 말하는 것처럼, 우리가 관여된 정치적 사건에서 거리를 두지 않으면 정치적 판단을 내릴 수 없다. 관찰자의 태도는 "게임 자체에 관여되지 않고 오직 게임을 '희망적이고 열정적인 참여의 마음으로 유심히 지켜보는 사람들의 태도이다. 여기서 참여는 확실히 그들이 지금 혁명하기를 원한다는 것을 뜻하지 않는다. 그들의 공감은 순전히 관조적 기쁨과 비활동적 즐거움에서 나온다."[7] 아무런 사심 없이 바라보는 것이 바로 관조이다. 활동적 삶이 공개적으로 진행된다면, 관조적 삶은 완전한 고요함 속에서 이루어진다. 멈춰서 생각하고 판단하려면 무엇보다 필요한 것이 바로 관조할 수 있는 거리이다.

　정치인들은 동시대 동료 시민들의 지지를 받지 못하는 정치적 행위를 할 때 흔히 훗날 역사의 평가를 받겠다고 말한다. 아렌트는 역사의 중요성을 인정하면서도 역사가 최고의 법정이라는 시각은 부정한다. 정치적 행위의 판단을 역사에 맡기는 것은 종종 행위의 옳고 그름을 말하지 않음으로써 책임을 피하겠다는 태도를 표현한다. 그럼에도 정치적 행위와 사건을 판단할 때 과거에서 의미를 찾는 역사적 시각이 중요한 것은 무엇 때문일까? 한나 아렌트는 여기서 프랑스혁명을 바라보는 칸트의 시선에 주목한다.

　이 사건(혁명)은, 사람들 사이의 위대한 것을 사소하게 만들거나 사람들 사이의 사소한 것을 위대하게 만드는, 사람들이 수행한 중요한 행위나 악행에 있지 않다. 마치 마법에 의한 것처럼 예전의 훌륭한 국가 구조물이 사라지고, 그 대신에 땅의 깊은 곳에서 솟아난 것처럼 다른 구조물이 출현하는 데 있지도 않다. 아니다. 사건의 의미는 그와 같은 종류의 것이 아니다. 그것은 단지 위대한 **변혁의 게임에서 공개적으로 드러나는 관찰자의 사고방식**일 뿐이다. 그것은 한편으로는 게임 참가자를 위한, 다른 한편으로는 그들에 반대하는 일반적이지만 사심 없는 참여를 드러낸다. 이러한 편파적 지지가 알려질 경우에는 그들에게 해가 될 수 있다는 위험을 무릅쓴다. (이러한 관찰자의 사고방식은) 이러한 일반성 때문에 인류의 성격을 전체적으로 보여주고, 동시에 사심 없음 때문에 적어도 성향에 있어서 인류의 도덕적 성격을 보여준다. 이 성격은 더 나은 것으로 진보하기를 희망하게 만들 뿐만 아니라 그 능력이 현재로서는 충분하다는 점에서 이미 그와 같은 진보이다.[8]

한나 아렌트가 《칸트의 정치철학 강의(Lectures on Kant's Political Philosophy)》에서 길게 인용하고 있는 이 칸트의 문장에서 강조되고 있는 것은 '관찰자의 사고방식'이다. 아렌트가 해석한 칸트에 의하면 혁명을 진정한 혁명으로 만드는 것은 제국을 흥하게 하거나 망하게 하고, 정권을 세우거나 몰락시키는 위대한 행위나 잔인한 악행이 아니다. 혁명의 정치적 사건에 역사적 의미와 도덕적 성격을 부여하는 것은 자신들의 태도와 의견을 공개적으로 밝히는 관찰자의 시선이라는 것이다. 공개적으로 표현되는 관찰자의 사심 없는 참여가 없다면 사건은 아무런 의미 없이 역사 속으로 사라진다.

역사의 특정한 시간에 특정한 장소에서 일어나는 특정한 정치적 사건을 판단하려면, 우리는 이 사건을 전체적으로 바라볼 수 있는 관찰자의 관점을 취해야 한다. 1791년의 파리, 1917년의 페트로그라드, 1956년의 부다페스트, 1968년의 프라하, 1987년의 서울을 생각해보라. 아주 가까운 시기인 2016~2017년의 촛불혁명을 바라보면, 우리는 당시 촛불을 들고 거리로 나갔든 아니든 역사를 그 이전으로 되돌릴 수 없다는 점을 인식한다. 만약 우리가 이 혁명을 통해 더 나은 미래와 지속 가능한 민주주의의 희망을 보았다면, 우리는 사심 없는 열정으로 이 혁명에 참여한 것이다. 여기서 중요한 것은 촛불을 들었던 사람들의 직접적인 행위와 그 결과가 아니다. 설령 촛불혁명으로 권력을 잡은 정권이 본래의 약속과는 달리 여전히 권위주의의 행태를 답습한다고 하더라도, 촛불혁명의 성격과 의미는 퇴색하지 않는다. 물론 이러한 정치적 사건이 미래의 희망과 관련된 의미는 환상적 이념과 현실적 이해관계에 구속된 행위자에게는 보이지 않는다.

관찰자로서 사건을 바라보며 얻은 통찰은 결코 행위의 원칙을 제공하지 않는다. 우리가 행위를 할 때 따라야 할 원칙과 판단할 때 따르는 원칙 사이에는 일종의 간극과 충돌이 존재한다. 그렇다면 행위자에게 의미 있는 관찰자의 태도는 어떤 것인가? 고대 그리스의 아테네와 로마 공화정의 이야기를 파악함으로써 현재 사건에 의미를 부여할 수 있을지는 모르지만, 칸트가 당대에 일어난 프랑스혁명을 대하는 것처럼 우리가 관여된 정치적 사건을 이해하기 위해서 역사가 흘러가길 기다릴 수는 없다. 우리가 정치적 사건을 파악하기 위해 '멈춰서 생각한' 후에는 다시 우리가 직면하고 있는 문제에 관여해야 한다. 우리는 행위를 하면서 동시에 정치적 행위를 판단할 수 있는 관찰자적 관점을 가져야 하며, 거꾸로 관찰자로서 얻은 통찰이 행위자에게 의미 있는 방향을 제시해야 한다.

한나 아렌트는 여기서 정치의 필수적 전제조건인 다원성에 기초한 '공평성(impartiality)'을 제안한다. 공평성은 결코 극심한 논쟁을 정리하고 해결할 수 있는—신, 역사 또는 최고 법정과 같은—더 높은 관점의 결과가 아니다. 공론 영역에서 자신들의 의견과 입장을 드러내는 행위자들은 각각 자신의 관점과 이해관계에 묶여 있다. 공평성은 바로 이러한 행위자들의 다원성에서 나와야 한다. 관찰자의 생각은 다른 사람들에게 공개되어야 한다. 아렌트에 의하면 사람들은 단지 신체와 육체적 욕구를 갖고 있기 때문에 다른 사람들에게 의존하는 것이 아니라 정신적 능력을 위해서도 다른 사람들에 의존한다. 개별 사건을 다루는 정신 능력인 "판단력이 기능할 수 있는 조건은 바로 복수의 사람들의 사교성(sociability)"이라고 한나 아렌트는 말한다. 관조를 통해 얻은 관점들이 공개적으로 소통될 때 비로소 공평성이 갖춰지는 것이다.

아렌트는 이러한 공평성을 만들어내는 생각이 바로 "비판적 사고"라고 말한다. 이 점에서 아렌트는 정치적 자유는 자신의 이성을 어느 점에서나 공적으로 사용하는 것이라는 칸트의 입장을 철저하게 따른다. 비판적 사고는 자신의 생각을 "자유롭고 개방적인 검토의 시험"[9]에 내맡기는 것이다. 왜 사상의 자유에는 언론의 자유가 필요한가? 히틀러 전체주의 정권이 인류에게 저지른 근본악은 "인간 다원성 자체에 대한 공격"[10]이라는 인식에서부터 출발한 한나 아렌트가 평생 매달린 의문은 형이상학적으로 이렇게 표현될 수도 있다. "왜 단수의 인간이 아닌 복수의 인간들이 존재하는가?"[11] 아렌트의 대답은 매우 간단할 수 있다. 그들이 서로 말하기 위해서라고. 아렌트는 "사유 속에서 옳은 방향을 찾는다는 것은 무슨 의미인가?"라는 칸트의 인용문에서 더 선명한 대답을 발견한다.

> 말하거나 쓸 자유는 상부 권력에 의해 박탈당할 수 있지만, 생각할 자유는 그런 권력에 의해서도 결국 박탈당할 수 없다고 사람들은 말한다. 그렇지만 만약 우리가 우리의 생각을 그들에게 전달하고 또 그들이 그들의 생각을 우리에게 전달하는 '다른 사람들과의 공동체' 속에서 생각하지 않는다면, 우리는 얼마나 많이 그리고 얼마나 올바르게 생각할 수 있단 말인가! 그러므로 자신의 생각을 **공적으로** 전달할 수 있는 자유를 박탈하는 외부 권력은 **생각할** 자유마저 박탈하는 것이라고 말할 수 있다.[12]

의견과 사상을 공적으로 전달할 수 있는 의사소통 가능성을 파괴하는 것은 생각할 자유를 박탈하는 것이다. 아렌트가 강조한 단어를 연결하면, 정치적 행위를 판단하기 위한 생각은 항상 공적으로 생각

아랍의 봄을 불러일으킨 튀니지 혁명

"사유는 정치적으로 자유로운 곳에서 사는 사람들에게
언제나 가능하며 또 실제로 이루어진다."

-《인간의 조건》 중에서

하는 것이다. 생각한다는 것은 결코 공동체에서 떨어져 나오기 위해서가 아니라 공동체에 참여하기 위한 것이다. "생각한다는 것은 고독한 활동이기는 하지만 생각할 수 있기 위해서 우리는 다른 사람들에게 의존한다."[13] 다른 사람과의 소통 가능성을 고려한 생각만이 공평성을 갖는다.

아렌트가 우리에게 보여준 정치적 판단의 형식들은 정치적 행위에 관해 옳고 그름을 말할 수 있는 기준을 보여준다. 관찰자만이 사건 전체를 볼 수 있는 위치를 가질 수 있다. 행위자는 정치적 게임의 한 부분이기 때문에 편파적이고 당파적일 수밖에 없다. 사건에 직접 개입하지 않고 거리를 둘 때만 사심 없이 사건을 관찰할 수 있기 때문에 공평할 수 있는 것이다. 여기서 거리를 둔다는 것은 다른 사람들을 고려하여 자신의 지평을 확장하는 것을 의미한다. 반면, 행위자는 자신의 의견과 명성에 관심이 있다. 의견을 뜻하는 그리스어 '독사(doxa)'가 명성의 의미도 있다는 것은 시사적이다. 행위자에게 결정적인 질문은 다른 사람들에게 어떻게 나타나는가 하는 문제이다. 이런 점에서 행위자는 관찰자의 의견에 의존한다.

여기서 자신의 지평을 넓히고자 사건에 대해 거리를 두는 '참여적 관찰자'와 자신의 명성을 위해 다른 사람의 의견을 고려하는 '관조적 행위자'가 일치할 수 있다. 그렇다면 우리는 정치적 행위에 대해 어떻게 옳고 그름을 말할 수 있는가? 아렌트에 의하면 관찰자가 기대하는 것을 고려하고 그와 일치하게 생각하고 행동하는 것은 정치적으로 옳은 것이다. 반면, 다른 사람을 전혀 고려하지 않고 자신의 내면의 소리에 따라 생각하고 행동하는 것은 정치적으로 악한 것이다. 소통 가능성은 결국 정치적 행위의 옳고 그름을 말할 수 있는 핵심 기준이다. 아무리 좋은 생각과 정책을 갖고 있더라도 소통하지 않으면 실패하는 것은 이 때문이다. 입으로는 소통을 강조하면서도 말과 행위에서 전혀 소통하지 않을 때 정치인은 국민의 마음을 얻을 수 없다는 것은 정치적 판단력에 관해 많은 것을 말해준다.

공론 영역의 필수조건인 '소통 가능성'을 강조할수록
우리의 시선은 행위자에게서 관찰자로 옮겨간다.
정치적 천재는 그들을 판단하는 공중의 마음에 드는 탁월한 관찰자였다.

사심 없는 관조와 관찰을 통해 공평성을 얻을 수 있다고 하더라도, 정치적 행위를 하려면 우리는 항상 공적 공간에서 자신의 의견과 입장을 표현해야 한다. 의견은 공적이기 이전에 항상 나의 사적인 것이다. 여기서 관찰자와 행위자 사이의 갈등이 발생한다. 다양한 사건과 사례를 포괄할 수 있는 하나의 보편적 규칙이 존재하지 않는데도 어떻게 자신의 의견이 타당하다고 주장할 수 있는가는 여전히 수수께끼이다. 우리가 공론 영역의 토대와 조건인 다원성을 존중한다고 하더라도, 다양한 의견이 어떻게 합의에 이를 수 있는지도 여전히 수수께끼이다.

한나 아렌트가 미적 판단을 끌어들이는 곳이 바로 이 지점이다. 사람들은 각각 아름다움과 추함에 관한 다양한 취향을 갖고 있다는 것을 잘 알고 있다. 어떤 사람에게 아름다운 것이 다른 사람에게는 아닐 수도 있지만, 사람들은 대체로 아름다운 것에 관한 공통 감각을 갖고 있다. 어떤 대상을 보고 아름답다고 판단하기 위해 아름다움의 이념이 필요한 것도 아니고 그 대상에 관한 지식이 요구되는 것도 아니다. 설령 서로 다른 미적 취향을 갖고 있더라도 특정한 대상에 대해 아름답다고 말할 수 있는 공통 감각을 갖고 있다면, 우리는 다원성을 해치지 않고서도 합의에 이를 수 있는 것이다.

미적 판단은 실제로 가장 사적인 성격을 갖고 있다. 판단 대상의 특수성에 관심을 기울이는 미적 판단은 우리가 자신만의 개성을 기울이는 결정적 방식이다. 어떤 사람의 개성을 알고 싶다면 그가 무엇을 좋아하는지, 그의 취미와 취향은 무엇인지를 알아야 한다. 이렇게 사적이고 개인적인 미적 판단이 공적 활동인 정치적 행위의 판단과 유사하다는 것이 처음에는 이상하게 보일지도 모른다. 그러나 미적 취향과 정치적 성향 사이에는 가족 유사성이 존재한다. 지극히 사적인 미적 판단의 타당성 문제는 "나는 그것을 좋아한다."라는 말과 "그것은 아름답다."는 말을 구별할 때 비로소 제기된다.[14] 어떤 대상에 대한 호불호는 개인적인 선호도를 표현하고 결코 객관적 타당성을 주장하지 않지만, "그것은 아름답다."는 표현은 대상의 특성에 대한 객관적 주장을 하는 것이다. 그렇기 때문에 "그것은 아름답지만, 나는 좋아하지 않아."라고 말하는 것이 가능하다. 누구도 우리에게 아름다운 대상을 좋아하라고 강요할 수는 없지만, 우리는 우리 자신과 다른 사람들에게 나타나는 아름다운 대상을 보고 아름답다고 말할 수는 있는 것이다.

정치적 성향도 이와 크게 다르지 않다. 어떤 사람은 진보적 시각을 선호하고, 어떤 사람은 보수적 성향을 가질 수 있다. 사람들은 서로의 시각과 의견을 좋아하지 않으면서도 상대방의 의견을 합리적이며 또 때로는 꽤 괜찮다고 인정할 수도 있는 것이다. 이런 경우에는 정치적 호불호가 배타적인 혐오나 적대적인 대립으로 이어지지 않는다. 우리가 어떤 정치적 의견에 대해 나름 합리적이라고 판단할 수 있는 공통 감각이 존재한다면, 의견의 차이와 다양성은 오히려 더 나은 방향으로 나갈 수 있는 생산적 경쟁의 토대가 된다.

아렌트가 미적 판단과 정치적 판단을 위해 공공성과 다원성을 강조하는 이유가 여기에 있다. 정치적 판단은 미적 판단과 마찬가지로 '공중(the public)'을 필요로 한다. 공중은 누구인가? 아렌트에 의하면 공중은 공적 기관이나 영역에서 활동하는 행위자들이 아니다. 거리에 나가 참여하는 대중을 생각할 수도 있지만, 행위자들이 공중을 구성하는 것이 아니다. 아렌트의 이 말은 우선은 낯설게 들린다. 여기서 공중은 사건에 대해 글을 읽고, 쓰고, 생각하고, 관조하는 관찰자들이다. 정치인들이 관심을 쏟고 또 지지를 얻고자 호소하는 것은 공중의 의견이지, 결코 그들의 표가 아니다. 엄밀히 말해서 정치란 공중이 자신의 의견을 형성하고 자유롭게 표현할 수 있도록 하는 것이지, 그들의 표를 얻기 위해 여론이라는 이름으로 의견을 조작하는 것이 아니다. 그러므로 공중을 구성하는 것은 생각하는 관찰자이다.

아름다운 대상이 존재하는 데 반드시 필요한 조건은 소통 가능성이다. 관찰자의 판단은 공간을 창조하는데, 이 공간 없이는 어떤 대상도 나타날 수 없다. 공적 영역은 비평가와 관찰자에 의해 구성되지, 행위자나 입안자에 의해 구성되지 않는다. 그리고 이 비평가와 관찰자는 모든 행위자와 입안자 안에 자리 잡고 있다. 비판과 판단 능력이 없다면 행위자와 입안자는 관찰자에게서 너무 떨어져 있어서 인지조차 되지 않을 것이다. 또는, 여전히 칸트의 용어로 다른 방식으로 말하면, 예술가의 독창성 자체(또는 행위자의 새로움 자체)는 예술가가 아닌 사람들에 의해 이해되도록 만드는 데 달려 있다.[15]

공론 영역의 필수조건인 '소통 가능성(communicability)'을 강조할수록 우리의 시선은 행위자에게서 관찰자로 옮겨간다. 우리는 흔히 훌륭하고 대단한 예술 작품을 만드는 예술가를 천재라고 부른다. 보나파르트 나폴레옹, 율리우스 카이사르, 오토 비스마르크, 윈스턴 처칠, 프랭클린 루스벨트와 같은 정치적 행위의 천재도 있을 수 있다. 여기서 우리는 그들이 왜 천재로 불리는지를 곰곰이 생각해볼 필요가 있다. 그들이 정치적 천재로 불리는 것이 대단한 성과를 이룩한 행위자였기 때문이라고 생각할 수도 있지만, 그들이 그런 성과를 낼 수 있었던 것은 특수한 상황에서 무엇이 통하고 또 어떤 것은 통하지 않는지를 알아내는 탁월한 정치적 감각과 판단력을 갖고 있었기 때문이다. 그들이 대단한 정치적 천재인 것은 그들을 비판하고 판단하는 공중의 마음에 드는 탁월한 관찰자였기 때문이다. 아무리 탁월한 행위자라도 공중에게 전달되지 않는다면, 즉 소통 가능한 방식으로 표현되지 않는다면 공중은 그를 인지조차 하지 않을 것이다. 천재적 행위자는 단수로 존재하지만, 관찰자는 오직 복수로만 존재한다. 그리고 이러한 관찰자의 공감되고 합의된 의견이 행위자를 천재로 만드는 것이다.

전체주의는 공론 영역을 파괴함으로써
인간의 고유한 특성인 자유를 박탈했다.
아렌트는 평생 다원성을 회복함으로써
자유를 되찾으려 했다.

그렇다면 가장 사적이라고 할 수 있는 미적 판단, 즉 취미가 어떻게 다른 사람에게 전달될 수 있는가? 아렌트는 우리가 행위자이면서 동시에 관찰자라는 사실을 강조한다. 우리가 특정한 대상에 대한 지극히 주관적인 취향을 갖고 있으면서도 동시에 다른 사람과 소통할 수 있기 위해서는 판단이 필요하다는 것이다. 아렌트는 이 판단의 과정을 세 단계로 서술한다. 첫째, 우리는 어떤 대상을 보고 즉각 호불호의 반응을 보인다. 대상은 우리를 기쁘게 하거나 불쾌하게 만든다. 우리의 마음에 들거나 또는 마음에 들지 않는다는 감각은 지극히 직접적이고 주관적이다. 만약 내가 특정한 음식을 싫어한다면, 어떤 이유와 논증으로도 내가 그것을 좋아하도록 설득할 수는 없다.

정치적 성향도 마찬가지이다. 진보적 정책이나 정치인을 싫어하는 사람에게 어떤 합리적인 이유를 갖다 대더라도 그는 결코 좋아하지 않을 것이다. 좋아하고 싫어하는 데 이유가 있을 수 없다. 그렇지만 이런 방식의 호불호, 좋아함과 싫어함이 어떤 대상을 아름답다고 말하기에는 충분하지 않다.

둘째, 우리가 직접 느끼는 호불호가 과연 적절한지를 판단하기 위해서는 '상상'의 반성 작용이 필요하다. 우리가 대상을 미적으로 판단하려면 우리에게 직접 영향을 주는 대상에게서 멀어져야 한다. 상상은 본래 실재하지 않는 것을 실재하는 것으로 생각하는 것이다. 왜 판단은 상상을 전제하는가? 어떤 아름다운 사물에 관해 다른 사람에게 말하려면, 매번 사물을 직접 보여줄 수 없기 때문에 없는 것을 마치 있는 것처럼 표현할 줄 알아야 한다. 아렌트는 우리가 직접 보고 느끼면서 기쁜 것은 단지 만족스러운 것일 뿐이며, 상상을 통해 재현된 대상에 대해 기쁨을 느낄 때 비로소 아름답다고 판단한다고 말한다. 간단히 말해, 상상만 해도 좋은 것이 아름다운 것이다. 달리 말하면, 아름다운 것은 우리를 상상하게 만든다. 이 단계에서 취미는 이제 판단이 된다. 우리는 이제 상상을 통해 타인의 관점에서 바라봄으로써 우리의 호불호가 적합한지를 판단한다. 이러한 취미 판단을 통해 우리의 자아중심주의는 극복된다. 우리의 감각을 판단할 수 있는 객관적 기준이 없다는 점에서 취미는 비객관적이지만, 취미 속에는 동시에 상상을 통해 다른 사람에게 전달될 수 있는 비주관적 요소가 있기 때문이다. 판단은 스스로 다른 모든 사람의 입장에 서봄으로써만 수행되는 것이다.

셋째, 우리가 우리의 취미판단에 관해 다른 사람과 소통할 수 있는 근거는 '공통 감각(sensus communis)'이다. 공통 감각은 객관적으로 논증할 수 없다는 점에서 '감각'이지만, 사적으로 갖고 있는 다른 감각들과는 달리 상호 주관적이라는 점에서 '공통적'이다. 공통 감각은 취미판단과 정치적 판단의 상호 소통이 이루어지는 공동체의 구성원이 되게 한다는 점에서 '공동체적 감각'이다. 우리의 판단을 다른 사람들이 내릴 수 있는 판단과 비교하고, 우리 자신을 다른 사람의 입장에 세워보고, 그렇게 우리 자신의 판단에 우연히 붙어 있는 한계들을 극복하도록 만드는 능력이 바로 공통 감각이다. "판단할 때, 우리는 항상 공동체의 일원으로서 판단한다."[16] 이러한 판단의 타당성은 결코 논리적 논증으로 해결되지 않는다. "우리는 다른 모든 사람의 지지를 호소하고 동의를 구할 수 있을 뿐이다."[17] 그러기 위해서 우리는 우리의 의견을 소통 가능한 방식으로 변화시켜야 한다.

오늘날 모든 가치를 포괄할 수 있는 절대적 가치는 존재하지 않는다. 가치 다원주의는 부인할 수 없는 우리 시대의 조건이다. 이런 상황에서 공동체의 유대는 전통사회에서처럼 공유된 신념과 가치를 통해 이루어질 수 없다. 어쩌면 전체주의는 분열된 현대사회에서 공동체적 유대를 폭력적으로 실현하려고 했던 비극적 시도였는지도 모른다. 전체주의는 공론 영역을 파괴함으로써 인간의 고유한 특성인 자유를 박탈했다. 공동체의 파괴에 앞서 항상 다양한 관점이 먼저 파괴된다. 생각하지 않고 판단하지 않는 사람이 많으면 많을수록 더욱더 비슷하게 행동하게 되고, 결국 다른 관점과 행동을 더욱더 받아들이지 못한다. 아렌트가 평생을 걸쳐 다원성을 회복함으로써 자유를 되찾으려 시도한 것은 이 때문이다.

아렌트의 생각이 취미판단과 정치적 판단의 문제에 도달한 것은 당연한 일인지도 모른다. 취미만큼 인간의 개성을 창조하고, 사회의 다양성을 구성하는 것도 없다. 우리가 공동체의 일원으로서 서로의 취미에 관해 소통한다는 것 자체가 공통 감각을 활성화하여 공동체적 유대에 기여한다. 미적 취향과 정치적 성향이 없다는 것은 생각하지 않고 판단하지 않는다는 의미이다. 아렌트가 공통 감각을 설명하면서 인용한 칸트의《실용적 관점에서의 인간학(Anthropologie in pragmatischer Hinsicht)》의 한 구절은 정치적 판단의 기준이 될 수 있다. "정신 이상의 유일한 일반적 징후는 공통 감각(sensus communis)의 상실과 그것을 대체하는 논리적 자기 고집(sensus privatus)이다."[18] 정치인들 중에서 가장 멍청한 사람은 두말할 나위 없이 판단력이 없는 사람이다. 그는 물론 자신의 욕구와 이해관계를 표현할 줄 안다. 그렇지만 다른 사람들의 관점을 고려할 줄 모르기 때문에 자신의 주관적 감각에 갇혀 있는 사람이다.

물론 사적인 조건들은 우리를 제한하고 구속한다. 상상과 반성을 통한 판단만이 우리를 이러한 조건들에서 해방시키고, 다른 사람의 관점을 고려할 수 있는 상대적 공평성을 제공한다. 그렇기 때문에 생각하고 판단할 줄 아는 능력만이 우리를 자유롭게 한다. 그뿐만 아니라―아렌트가《인간의 조건》의 마지막 부분에서 정확하게 지적

한 것처럼—"사유는 정치적으로 자유로운 곳에서 사는 사람들에게 언제나 가능하며 또 실제로 이루어진다."[19] 우리가 진정으로 자유로울 수 있기 위해서는 항상 옳고 그름을 말할 수 있어야 한다.

> 인간들은 자기를 이끌어주어야만 하는 것이 그들 자신의 판단뿐이고, 게다가 그 판단이 자기들 주위의 모든 사람이 동의하는 의견과 완전히 어긋나는 것일 때조차도, 사람들은 옳은 것과 그른 것을 구별할 수 있어야 한다.[20]

1906년 10월 14일 독일 하노버 근교에서 기술자 파울 아렌트(Paul Arendt)와 부인 마르타 아렌트(Martha Arendt) 사이의 외동딸로 태어나다. 출생증명서의 이름은 친할머니의 이름을 따라 요한나 아렌트(Johanna Arendt)이다. 양친은 모두 쾨니히스베르크 출신의 유대인이다. 아렌트는 "전형적인 동화된 독일-유대인 가정"에서 성장했다고 한다.

1909년 쾨니히스베르크로 이주하다.

1913년 할아버지 막스 아렌트(Max Arendt)가 사망하고, 오랜 투병 끝에 아버지 역시 사망하다(어머니 마르타 아렌트는 1920년에 클라라(Clara)와 에바(Eva)라는 두 딸이 있는 홀아비 마르틴 베어발트(Martin Beerwald)와 결혼했다).

1913~1924년 쾨니히스베르크와 베를린에서 학교에 다니다. 부분적으로는 독학을 하기도 하고, 대학교의 행사에도 참석하다.

1924년 쾨니히스베르크에서 대학입학자격(Abitur)을 획득하다.

1924~1928년 마르부르크 대학교, 프라이부르크 대학교, 하이델베르크 대학교에서 철학(주전공), 개신교 신학, 그리스 문헌학을 공부하다. 마르틴 하이데거, 에드문트 후설(Edmund Husserl), 카를 야스퍼스, 루돌프 불트만(Rudolf Bultmann), 마르틴 디벨리우스(Martin Dibelius) 등의 교수를 만나다.

1928년 11월 하이델베르크 대학교에서 카를 야스퍼스의 지도 아래 철학 박사학위를 취득하다. 박사학위 논문은 《아우구스티누스에게서의 사랑 개념》(1929년 출간)이다.

1929년 9월 베를린 노바베스에서 귄터 슈테른(Günther Stern, 필명은 귄터 안더스)과 결혼하다.

1930~1933년 자유 작가로서의 첫 작품인 "라헬 바른하겐(Rahel Varnhagen)의 예에서 본 독일-유대인의 동화의 문제"에 관한 연구 작업을 수행하다. 독일 학문 조성 단체(1930~1931), 유대인 기구(1932)의 지원을 받다.

1933년 7월 베를린에서 체포되었다가 석방된 이후 독일에서 탈주하다.

1933~1940년 파리에서 거주하다.

1933~1937년 시온주의 정치 활동을 하다. 1935년에는 팔레스타인에서 3개월간 체류하다.

1936년 봄 하인리히 블뤼허(Heinrich Blücher)를 만나다.

1937년 독일 국적이 박탈되다. 귄터 슈테른과 이혼하다.

1937~1938년 학문적 작업을 다시 시작하다. 학위 취득 후 시작한 라헬 바른하겐에 관한 책을 완성하다(영어판 출간은 1958년, 독일어판 출간은 1959년). 반유대주의의 역사에 관한 작업을 시작했으며, 강연 활동도 병행하다.

1938~1940년 1938년 독일에서 일어난 유대인 학살 이후 다시 사회 활동에 복귀하다. 활동 과제는 팔레스타인과 예루살렘을 위한 유대인 단체 및 시온주의자들과 협동하여 중부 유럽에서 유대인을 이주시키는 작업이었다.

1940년 1월 하인리히 블뤼허와 결혼하다.

1940년 "적대적 외국인"으로서 남프랑스의 구르(Gurs) 수용소에 5주간 감금되다. 루르드 (Lourdes)를 거쳐 몽토방(Montauban)으로 도피하다.

1941년 하인리히 블뤼허와 함께 기차로 에스파냐를 거쳐 포르투갈로 출국하다.

1941년 1~5월 무국적 난민으로 리스본에 체류하다.

1941년 5월 22일 하인리히 블뤼허와 함께 배를 타고 뉴욕에 도착하다. 어머니인 마르타 베어발트는 한 달 뒤에 도착, 그녀가 죽을 때(1948. 7. 27.)까지 블뤼허와 함께 뉴욕에서 거주하다.

1941년 5월~사망 뉴욕에 거주하다.

1941~1952년 언론 정치 활동 및 교육 활동을 하다. 유럽 유대문화재건위원회에 참여했으며, 뉴욕의 다양한 기관에서 강연하다.

1944~1946년 유대인 관계에 관한 학술대회의 연구책임자(Commission on European Jewish Cultural Reconstruction)로 활동하다.

1946~1948년 뉴욕 쇼켄(Schocken) 출판사 책임편집자로 활동하다.

1949~1952년 유대인 문화재건기구 사무총장을 지내다.

1949~1950년 유대인 문화재건기구의 임무로 첫 번째 유럽 방문이 이루어지다. 서독을 방문해 베를린에 머물면서 카를 야스퍼스, 마르틴 하이데거, 청소년기와 대학 시절의 친

지를 만나다.

1950년 6월 《사유일기(Denktagebuch)》를 기록하기 시작하다. 28권이 1973년부터 유고로 출간되다(2002).

1951년 《전체주의의 기원》을 출간하다.

1952~1953년 구겐하임 재단의 지원을 받아 자유로운 연구 작업을 하다. 프로젝트 제목은 "마르크스주의의 전체주의적 요소"였다.

1952년 하인리히 블뤼허가 뉴욕의 바드 대학(Bard College)에서 철학과 교수직을 얻다.

1953년 10~11월 프린스턴 대학교에서 "카를 마르크스와 서양 정치사상의 전통"이라는 주제로 여섯 차례 강연하다.

1954년 3월 노터데임 대학교에서 "철학과 정치: 프랑스혁명 이후 행위와 사상의 문제"라는 주제로 3부 강의를 하다.

1955년 봄 캘리포니아 버클리 대학교 초빙교수로 "역사와 정치이론" 강의와 두 개의 세미나를 하다.

1955년 가을 이탈리아, 그리스, 이스라엘, 스위스, 독일로 강연 및 휴가 여행을 떠나다.

1956년 4월 시카고 대학교에서 월그린(Walgreen) 강연의 일환으로 여섯 차례 강의하다. 주제는 "인간 신체의 노동과 손의 작업"이었다. 《인간의 조건》을 집필하여 영어판(1958년)과 독일어판(1960년)으로 출간하다.

1958년 4~6월 유럽을 여행하며 강연 활동을 펴다. 브레멘에서는 "교육에서의 위기", 취리히에서는 "자유와 정치", 뮌헨에서는 "문화와 정치"가 강연 주제였다.

1958년 9월 프랑크푸르트에서 평화상을 수상한 카를 야스퍼스에 대한 축사를 발표하다.

1959년 봄 프린스턴 대학교 초빙교수가 되어 "미국과 혁명 정신"에 관해 강의하다. 《혁명론(On Revolution)》(1963) 출간.

1959년 9월 함부르크시에서 수여하는 레싱(Lessing)상을 받다.

1959년 12월 뉴욕 맨해튼으로 이사하다.

1960~1961년 컬럼비아 대학교(1960년 가을), 노스웨스턴 대학교(1961년 봄), 웨슬리언 대학교(1961년 가을) 등 여러 대학교의 초빙교수로 활동하다.

1961년 4~6월 예루살렘에서 열린 아이히만 재판에 《더 뉴요커(The New Yorker)》의 리포터로 참관하다.

1961년 《과거와 미래 사이(Between Past and Future)》를 출간하다.

1962년 3월 뉴욕에서 택시 사고로 입원하다.

1962년 가을 시카고 대학교에서 초청 강의를 하다. 그 이후 웨슬리언 대학교에서 세미나를 열다.

1963년 2월 《더 뉴요커》에 〈예루살렘의 아이히만 보고서〉 5부작을 연재하다. 3월 말에 《예루살렘의 아이히만: 악의 평범성에 관한 보고(Eichmann in Jerusalem: A Report on the Banality of Evil)》를 출간하다.

1963년 2~6월 유럽에 머물면서 하인리히 블뤼허와 로테 베라트(Lotte Beradt)와 함께 그리스와 이탈리아로 휴가 여행을 떠나다.

1963~1967년 시카고 대학교 교수(교육과 참석 의무 감면)가 되다. 뉴욕 신사회연구소(New School for Social Research)에서 강의하다.

1964년 국립문예원(National Institute of Arts and Letters)에 가입하다.

1965년 가을 코넬 대학교 초빙교수가 되다.

1967~1975년 뉴욕 신사회연구소 대학원 교수(교육과 참석 의무 감면)로서 "철학과 정치" 및 "칸트의 정치철학" 등을 강의하다(이 강의는 1982년 유고로 출간됨).

1968년 《어두운 시대의 사람들(Men in Dark Times)》을 출간하다.

1969년 2월 카를 야스퍼스가 사망하다.

1969년 여름 하인리히 블뤼허와 함께 유럽에 머물다. 스위스의 테그나-로카르노(Tegna-Locarno)(Casa Barbate 호텔)에서 여러 주 동안 휴가를 보내다. 이후 거의 매해 몇 주 동안 이곳에서 휴가를 보내다.

1970년 10월 하인리히 블뤼허가 사망하다.

1971년 《정신의 삶(The Life of Mind)》을 집필하기 시작하다.

1971년 11월 독일연방 헌법재판소에서 보상 청구권(Lex Arendt)을 결정하다.

1972년 11월 캐나다 요크 대학교에서 개최된《한나 아렌트의 작품》학술대회에 참석하다.

1973년 4~5월 스코틀랜드 애버딘 대학교에서 《정신의 삶》의 제1권 "사유(Thinking)"를 주제로 기퍼드 강연을 하다(이 내용은 1978년 출간됨).

1974년 5월 《정신의 삶》의 제2권 "의지"를 주제로 기퍼드 강연을 연속했으나 심장마비로 5월 10일 중단하다.

1975년 4월 유럽 문화에 기여한 공로로 덴마크 정부가 수여하는 소닝(Sonning)상을 받다.

1975년 5~9월 유럽에 체류하다. 마르바흐(독일 문학서고), 테그나(《정신의 삶》의 제2권 "의지" 집필 작업). 프라이부르크로 하이데거를 방문하다.

1975년 12월 4일 뉴욕의 자택에서 심장마비로 사망하다.

1. 이제 전체주의는 끝났는가?

1) 한나 아렌트,《전체주의의 기원 2》, 253쪽. OT, 459.

2) 한나 아렌트,《전체주의의 기원 2》, 255쪽. OT, 460.

3) Hannah Arendt, "Understanding and Politics", in *Essays in Understanding: 1930~1954* (New York: Harcourt Brace & Co., 1994), pp. 307~327 중에서 309쪽.

4) 한나 아렌트,《전체주의의 기원 2》, 255~256쪽. OT, 460.

5) 한나 아렌트,《전체주의의 기원 2》, 47쪽. OT, 326.

6) 한나 아렌트,《전체주의의 기원 2》, 47쪽. OT, 326.

7) 한나 아렌트,《전체주의의 기원 2》, 90쪽. OT, 353.

8) 한나 아렌트,《전체주의의 기원 2》, 25쪽. OT, 311.

9) 한나 아렌트,《전체주의의 기원 2》, 33쪽. OT, 317.

10) 한나 아렌트,《전체주의의 기원 2》, 43쪽. OT, 323.

11) 한나 아렌트,《전체주의의 기원 2》, 267쪽. OT, 468.

12) 한나 아렌트,《전체주의의 기원 2》, 72쪽. OT, 341.

13) 한나 아렌트,《전체주의의 기원 2》, 77쪽. OT, 345.

14) 한나 아렌트,《전체주의의 기원 2》, 82쪽. OT, 348.

15) 한나 아렌트,《전체주의의 기원 2》, 90쪽. OT, 353.

16) 한나 아렌트,《전체주의의 기원 2》, 87쪽. OT, 351.

17) 한나 아렌트, 《전체주의의 기원 2》, 262쪽. OT, 464.

18) 줄리언 반스, 《시대의 소음》, 송은주 옮김, 다산책방, 2017.

19) 한나 아렌트, 《전체주의의 기원 2》, 265쪽. OT, 466.

20) 한나 아렌트, 《전체주의의 기원 2》, 233~253쪽을 볼 것.

21) 한나 아렌트, 《전체주의의 기원 2》, 240쪽. OT, 452.

22) 한나 아렌트, 《전체주의의 기원 2》, 246쪽. OT, 455.

23) 한나 아렌트, 《전체주의의 기원 2》, 248쪽. OT, 457.

24) 한나 아렌트, 《전체주의의 기원 2》, 253쪽. OT, 459.

2. 무엇이 우리를 쓸모없는 존재로 만드는가?

1) Hannah Arendt, "Brief an Karl Jaspers vom 4. März, 1951", in *Hannah Arendt/Karl Jaspers, Briefwechsel 1926~1969*, hrsg. v. Lotte Köhler und Hans Saner (München/Zürich: Piper, 1985), p. 202.

2) 한나 아렌트, 《전체주의의 기원 2》, 251~252쪽. OT, 459.

3) Hannah Arendt, "Die vollendete Sinnlosigkeit", in *Nach Auschwitz. Essays & Kommentare 1*, hrsg. von Eike Geisel und Klaus Bittermann (Berlin, 1985), pp. 7~30.

4) Hannah Arendt, "Das Bild der Hölle", 같은 책, 49~62.

5) Hannah Arendt, "Zuneigung an Karl Jaspers", in *Sechs Essays* (Heidelberg, 1946), p. 9.

6) 한나 아렌트, 《이해의 에세이》, 241쪽. EU, 134.

7) 한나 아렌트, 《전체주의의 기원 1》, 35~36쪽. OT, viii~ix.

8) 한나 아렌트, 《이해의 에세이》, 65쪽. EU, 14.

9) Immanuel Kant, *Die Religion innerhalb der Grenzen der bloßen Vernunft, in Werke in zehn Bänden*, Bd. 7 (Darmstadt, 1983), p. 686.

10) 한나 아렌트, 《전체주의의 기원 2》, 252쪽. OT, 459.

11) Karl Jaspers, *Die Schuldfrage* (Heidelberg, 1946)

12) "Brief von Hannah Arendt an Karl Jaspers, 17. 8. 1946." in *Hannah Arendt/Karl Jaspers, Briefwechsel 1926~1969*, hrsg. von Lotte Köhler und Hans Saner (München/Zürich, 1985), p. 90 이하.

13) 한나 아렌트,《전체주의의 기원 2》, 252쪽. OT, 459.

14) 한나 아렌트,《전체주의의 기원 2》, 35쪽. OT, 318.

15) 한나 아렌트,《전체주의의 기원 2》, 25쪽. OT, 311.

16) 한나 아렌트,《전체주의의 기원 2》, 25쪽. OT, 311.

17) 한나 아렌트,《전체주의의 기원 2》, 30~31쪽. OT, 315.

18) 한나 아렌트,《전체주의의 기원 2》, 43~44쪽. OT, 323~324.

19) 한나 아렌트,《전체주의의 기원 2》, 49~50쪽. OT, 327.

20) 한나 아렌트,《전체주의의 기원 2》, 18쪽. OT, 307.

21) 한나 아렌트,《전체주의의 기원 2》, 48쪽. OT, 327.

22) 한나 아렌트,《전체주의의 기원 2》, 15쪽. OT, 305.

23) Hannah Arendt, *Elemente und Ursprünge totaler Herrschaft. Antisemitismus, Imperialismus, totale Herrschaft* (München/Zürich: Piper, 1986), p. 11.

24) Hannah Arendt, "Brief an Karl Jaspers vom 4. März, 1951", 같은 책, 202쪽.

25) 한나 아렌트,《전체주의의 기원 2》, 284쪽. OT, 479.

3. 괴물 같은 악을 저지른 자는 왜 괴물이 아닌가?

1) Hannah Arendt, *Responsibility and Judgment,* ed. Jerome Kohn, pp. 159~160.

2) 한나 아렌트,《예루살렘의 아이히만》, 393, 117쪽. EJ, 289.

3) 한나 아렌트,《예루살렘의 아이히만》, 390쪽. EJ, 286.

4) "Eichmann in Jerusalem: An Exchange of Letters between Gershom Scholem and Hannah Arendt", reprinted in Ron H. Feldman(ed.), Hannah Arendt, *The Jew as Pariah: Jewish Identity and Politics in the Modern Age* (New York: Grove Press, 1978), p. 245.

5) "Eichmann in Jerusalem: An Exchange of Letters between Gershom Scholem and Hannah Arendt", 같은 책, 251쪽.

6) "Brief von Karl Jaspers an Hannah Arendt, 17. 12. 1946", in: *Hannah Arendt/Karl Jaspers, Briefwechsel 1926~1969*, 98쪽 이하.

7) 한나 아렌트, 《예루살렘의 아이히만》, 349쪽. EJ, 252.

8) 한나 아렌트, 《예루살렘의 아이히만》, 342쪽. EJ, 247.

9) Hannah Arendt, "Personal Responsibility under Dictatorship", *Listener*, August 6, 1964, p. 186.

10) 한나 아렌트, 《예루살렘의 아이히만》, 74쪽. EJ, 22.

11) 한나 아렌트, 《예루살렘의 아이히만》, 78쪽. EJ, 25.

12) 한나 아렌트, 《예루살렘의 아이히만》, 211쪽. EJ, 136.

13) 한나 아렌트, 《예루살렘의 아이히만》, 154쪽. EJ, 89.

14) 한나 아렌트, 《예루살렘의 아이히만》, 222쪽. EJ, 146.

15) 한나 아렌트, 《예루살렘의 아이히만》, 227쪽. EJ, 150.

16) 한나 아렌트, 《예루살렘의 아이히만》, 197쪽. EJ, 125.

17) 한나 아렌트, 《예루살렘의 아이히만》, 343쪽. EJ, 248.

18) 한나 아렌트, 《예루살렘의 아이히만》, 222쪽. EJ, 146.

19) 한나 아렌트, 《예루살렘의 아이히만》, 106쪽. EJ, 49: "The longer one listened to him, the more obvious it became that his *inability to speak* was closely connected with an *inability to think*, namely, to think from the standpoint of somebody else."

20) 한나 아렌트, 《예루살렘의 아이히만》, 393쪽. EJ, 289.

21) 한나 아렌트, 《예루살렘의 아이히만》, 97쪽. EJ, 42.

22) Hannah Arendt, "Thinking and Moral Considerations: A Lecture", *Social Research 38*, no. 3(fall 1971), p. 417. Hannah Arendt, *Responsibility and Judgment*, ed. Jerome Kohn, 159~160쪽에 재수록.

23) 한나 아렌트, 《정신의 삶 1》, 299쪽. LOM, 193.

24) 한나 아렌트, 《예루살렘의 아이히만》, 400쪽. EJ, 295.

25) 한나 아렌트, 《예루살렘의 아이히만》, 324~345쪽. EJ, 233.

4. 왜 완전히 사적인 사람은 자유가 없는가?

1) 한나 아렌트, 《인간의 조건》, 132쪽. HC, 58.

2) 한나 아렌트, 《인간의 조건》, 93~94쪽. HC, 24.

3) 한나 아렌트, 《인간의 조건》, 92쪽. HC, 23.

4) 한나 아렌트, 《인간의 조건》, 101쪽. HC, 30.

5) Hannah Arendt, *Was ist Politik?* (München: Piper, 2003), p. 38. 한나 아렌트, 《정치의 약속》, 7), 158쪽. PP, 116.

6) 한나 아렌트, 《인간의 조건》, 101~102쪽. HC, 31.

7) 한나 아렌트, 《인간의 조건》, 132쪽. HC, 58.

8) 한나 아렌트, 《인간의 조건》, 121쪽. HC, 49.

9) 한나 아렌트, 《인간의 조건》, 109쪽. HC, 38.

10) 한나 아렌트, 《인간의 조건》, 339쪽. HC, 242.

11) 한나 아렌트, 《인간의 조건》, 99쪽. HC, 28~29.

12) 이에 관해서는 Hanna Fenichel Pitkin, *The Attack of the Blob. Hannah Arendt's Concept of the Social* (Chicago: The University of Chicag Press, 1998)을 참조할 것.

13) 한나 아렌트, 《인간의 조건》, 118쪽. HC, 46.

14) 한나 아렌트, 《인간의 조건》, 112쪽. HC, 40.

15) 한나 아렌트, 《인간의 조건》, 265쪽. HC, 176.

16) 한나 아렌트, 《인간의 조건》, 122쪽. HC, 50.

17) 한나 아렌트, 《인간의 조건》, 267쪽. HC, 178~179.

18) 한나 아렌트, 《인간의 조건》, 125쪽. HC, 52.

19) 한나 아렌트, 《인간의 조건》, 271~272쪽. HC, 182.

20) 한나 아렌트,《인간의 조건》, 131쪽. HC, 57.

21) 한나 아렌트,《인간의 조건》, 128쪽. HC, 55.

22) 한나 아렌트,《인간의 조건》, 132쪽. HC, 58.

5. 왜 우리는 다른 의견을 가져야 하는가?

1) 한나 아렌트,《인간의 조건》, 74쪽. HC, 7.

2) 한나 아렌트,《정치의 약속》, 132쪽. PP, 93: "Politics is based on the fact of human plurality." 아렌트가 사용하는 핵심적인 용어인 'plurality'는 단수, 복수의 양적 의미뿐만 아니라 개인의 다양한 의견과 개성을 의미한다는 점에서 '다원성'으로 옮겼다.

3) 한나 아렌트,《정치의 약속》, 같은 곳.

4) 한나 아렌트,《정치의 약속》, 133쪽. PP, 94.

5) 한나 아렌트,《정치의 약속》, 214쪽. PP, 171.

6) 한나 아렌트,《정치의 약속》, 213쪽. PP, 170.

7) 한나 아레트,《정치의 약속》, 211쪽. PP, 168.

8) 한나 아렌트,《인간의 조건》, 74~75쪽. HC, 8.

9) 한나 아렌트,《인간의 조건》, 315쪽. HC, 220.

10) 한나 아렌트,《인간의 조건》, 314쪽. HC, 220.

11) 한나 아렌트,《정치의 약속》, 29~69쪽. PP, 5~39. Hannah Arendt, "Philosophy and Politics", *Social Research*, vol. 57. no. 1 (1990), pp. 73~103. Hannah Arendt, *Sokrates. Apologie der Pluralität* (Berlin: Matthes & Seitz, 2016).

12) 한나 아렌트,《정치의 약속》, 34쪽. PP, 7.

13) 한나 아렌트,《정치의 약속》, 173쪽. PP, 130.

14) 한나 아렌트,《정치의 약속》, 159쪽. PP, 117.

15) Hannah Arendt, "Thinking and Moral Considerations: A Lecture", *Social Research* 38. Vol. 3, Autumn 1971, pp. 417~446.

16) 한나 아렌트, 《정치의 약속》, 40쪽. PP, 12.

17) 한나 아렌트, 《정치의 약속》, 40쪽. PP, 12.

18) 아리스토텔레스, 《정치학》, 천병희 옮김, 도서출판 숲, 2013, 1161a 22~24, 66쪽.

19) 한나 아렌트, 《정치의 약속》, 46쪽. PP, 17~8.

20) 한나 아렌트, 《정치의 약속》, 42~43쪽. PP, 14.

21) 한나 아렌트, 《인간의 조건》, 70쪽. HC, 4.

22) 한나 아렌트, 《정치의 약속》, 51쪽. PP, 22. 한나 아렌트, 《혁명론》, 188쪽. OR, 101.

23) 한나 아렌트, 《혁명론》, 352쪽. OR, 225.

24) 한나 아렌트, 《혁명론》, 354쪽. OR, 227.

6. 우리는 무엇을 위해 자유로운가?

1) 한나 아렌트, 《전체주의의 기원 2》, 284쪽. OT, 478~479.

2) 한나 아렌트, 《전체주의의 기원 2》, 같은 곳.

3) 빅터 프랭클, 《빅터 프랭클의 죽음의 수용소에서》, 이시형 옮김, 청아출판사, 2017, 31쪽.

4) 빅터 프랭클, 같은 책, 133쪽.

5) 한나 아렌트, 《인간의 조건》, 72쪽. HC, 6.

6) 한나 아렌트, 《인간의 조건》, 75쪽. HC, 9.

7) 한나 아렌트, 《인간의 조건》, 344쪽. HC, 247.

8) 최태섭, 《잉여사회》, 웅진지식하우스, 2013, 261쪽.

9) 한나 아렌트, 《인간의 조건》, 74쪽. HC, 7.

10) 한나 아렌트, 《정치의 약속》, 134쪽. PP, 95.

11) Hannah Arendt, *Denktagebuch: 1950 bis 1973* (München: Piper, 2002), p. 66.

12) 한나 아렌트, 《정치의 약속》, 135쪽. PP, 95.

13) 한나 아렌트,《정치의 약속》, 135쪽. PP, 96.

14) 한나 아렌트,《인간의 조건》, 175쪽. HC, 96~97.

15) 한나 아렌트,《인간의 조건》, 266쪽. HC, 177.

16) 한나 아렌트,《인간의 조건》, 265쪽. HC, 176~177.

17) 한나 아렌트,《인간의 조건》, 271쪽. HC, 182.

18) 한나 아렌트,《인간의 조건》, 57쪽. HC, 131.

19) Hannah Arendt, "The Concept of History", BPF, 61.

20) 한나 아렌트,《인간의 조건》, 344쪽. HC, 246.

7. 정치권력은 꼭 폭력적이어야 하는가?

1) 한국어판: 한나 아렌트, "폭력론",《공화국의 위기》, 149~265쪽 중에서 242쪽. 아래에서 한국어판은《폭력론》으로 생략하여 인용함. OV, 87.

2) 한나 아렌트,《전체주의의 기원 2》, 40~41쪽. OT, 322.

3) 한나 아렌트,《전체주의의 기원 2》, 81쪽. OT, 347.

4) 한나 아렌트,《전체주의의 기원 2》, 43쪽. OT, 323.

5) 한나 아렌트,《전체주의의 기원 2》, 42쪽. OT, 323.

6) 한나 아렌트,《전체주의의 기원 2》, 150쪽. OT, 392.

7) 한나 아렌트,《폭력론》, 200쪽. OV, 50.

8) 한나 아렌트,《폭력론》, 171쪽. OV, 21.

9) 한나 아렌트,《폭력론》, 196쪽. OV, 47.

10) 한나 아렌트,《폭력론》, 207쪽. OV, 56.

11) 한나 아렌트,《폭력론》, 201쪽. OV, 51.

12) 한나 아렌트,《폭력론》, 202쪽. OV, 52.

13) 한나 아렌트,《폭력론》, 202쪽. OV, 52.

14) 한나 아렌트, 《폭력론》, 232~233쪽. OV, 79.

15) 한나 아렌트, 《폭력론》, 204쪽. OV, 54.

16) Max Weber, *Wirtschaft und Gesellschaft*, 2 Vols. (Tübingen: J. C. B. Mohr, 1925), I: 16, II: 1.

17) 한나 아렌트, 《폭력론》, 193쪽. OV, 44.

18) 한나 아렌트, 《폭력론》, 193쪽. OV, 44.

19) 한나 아렌트, 《폭력론》, 203쪽. OV, 52.

20) 한나 아렌트, 《인간의 조건》, 290~291쪽. HC, 199.

21) 한나 아렌트, 《폭력론》, 242쪽. OV, 87.

8. 정치는 왜 가짜 뉴스를 만들어내는가?

1) Hannah Arendt, "Truth and Politics", BPF, 227쪽.

2) Hannah Arendt, "Lying in Politics. Reflections on the Pentagon Papers", in *Crises of the Republic* (New York: Harcourt Brace Jovanovich, 1972), pp. 1~47 중에서 p. 4. 한국어판: 한나 아렌트, "정치에서의 거짓말", 《공화국의 위기》, 31~85쪽 중에서 35쪽. CR, 4.

3) https://en.oxforddictionaries.com/word-of-the-year/word-of-the-year-2016

4) Carl Bybee, "Can Democracy Survive in the Post-Factual Age? A Return to the Lippmann-Dewey Debate about the Politics of News", in: *Journalism & Communication Monographs*, 1999, S. 27~66

5) Hannah Arendt, "Truth and Politics", BPF, 228.

6) Hannah Arendt, "Truth and Politics", BPF, 246.

7) Hannah Arendt, "Truth and Politics", BPF, 231.

8) Hannah Arendt, "Truth and Politics", BPF, 233.

9) Hannah Arendt, "Truth and Politics", BPF, 238.

10) Hannah Arendt, "Truth and Politics", BPF, 239.

11) Hannah Arendt, "Truth and Politics", BPF, 250.

12) Hannah Arendt, "Truth and Politics", BPF, 250.

13) 한나 아렌트, "정치에서의 거짓말", 《공화국의 위기》, 35~36쪽. CR, 5.

14) 한나 아렌트, "정치에서의 거짓말", 《공화국의 위기》, 66쪽. CR, 31.

15) 한나 아렌트, "정치에서의 거짓말", 《공화국의 위기》, 72쪽. CR, 36.

16) Hannah Arendt, "Truth and Politics", BPF, 258~259.

9. 지배 관계를 넘어서는 평등의 정치는 가능한가?

1) 한나 아렌트, 《혁명론》, 390쪽. OR, 255.

2) 한나 아렌트, 《혁명론》, 81쪽. OR, 19.

3) 한나 아렌트, 《혁명론》, 85쪽. OR, 21.

4) 한나 아렌트, 《혁명론》, 128쪽. OR, 53.

5) 한나 아렌트, 《혁명론》, 95쪽. OR, 29.

6) 한나 아렌트, 《혁명론》, 96쪽. OR, 29.

7) 한나 아렌트, 《혁명론》, 100쪽. OR, 32.

8) 한나 아렌트, 《혁명론》, 101쪽. OR, 33.

9) 한나 아렌트, 《혁명론》, 99쪽. OR, 31.

10) 한나 아렌트, 《혁명론》, 131쪽. OR, 56.

11) 한나 아렌트, 《혁명론》, 87쪽. OR, 22.

12) 한나 아렌트, 《혁명론》, 137쪽. OR, 61.

13) 한나 아렌트, 《혁명론》, 176쪽. OR, 92.

14) 한나 아렌트, 《혁명론》, 308쪽. OR, 190.

15) 한나 아렌트, 《혁명론》, 157쪽. OR, 77.

16) 한나 아렌트,《혁명론》, 156쪽. OR, 76.

17) 한나 아렌트,《혁명론》, 179쪽. OR, 94.

18) 한나 아렌트,《혁명론》, 178쪽. OR, 93.

19) 한나 아렌트,《혁명론》, 390쪽. OR, 255.

20) 한나 아렌트,《혁명론》, 241쪽. OR, 242.

21) 한나 아렌트,《혁명론》, 225쪽. OR, 130.

22) 한나 아렌트,《혁명론》, 216쪽. OR, 124.

23) 한나 아렌트,《혁명론》, 221쪽. OR, 127.

24) 한나 아렌트,《혁명론》, 249쪽. OR, 148.

25) 한나 아렌트,《혁명론》, 281쪽. OR, 171.

26) 한나 아렌트,《혁명론》, 338쪽. OR, 214.

27) 한나 아렌트,《혁명론》, 417쪽. OR, 277.

28) 한나 아렌트,《혁명론》, 409쪽. OR, 269.

10. 어떻게 정치의 규칙을 만들 수 있는가?

1) 한나 아렌트,《예루살렘의 아이히만》, 400쪽. EJ, 295.

2) 한나 아렌트,《예루살렘의 아이히만》, 391쪽. EJ, 287.

3) 한나 아렌트,《정신의 삶 1 – 사유》, 18~19쪽. LOM, 5.

4) I. Kant, *Kritik der reinen Vernunft, Werke in zehn Bänden*, Bd. 3 (Darmstadt, 1983), p. 185.

5) Hannah Arendt, "What is Freedom?", in *Between Past and Future: Eight Exercises in Political Thoughts* (New York: Penguin Books, 1977), p. 154.

6) Isaiah Berlin, "On Political Judgment", *New York Review of Books*, Volume 43, Number 15, October 3, 1996, pp. 26~30.

7) LK, 15.

8) I. Kant, "Der Streit der Fakultäten", *Werke in zehn Bänden*, Bd. 9 (Darmstadt, 1983), p. 357~358. LK, 45. 강조는 필자에 의한 것임.

9) LK, 39.

10) 한나 아렌트, 《예루살렘의 아이히만》, 369쪽. EJ, 268~269.

11) LK, 40.

12) I. Kant, "Was heisst: Sich im Denken orientieren?", *Werke in zehn Bänden*, Bd. 9, p. 280. LK, 40~41.

13) LK, 40.

14) 이에 관해서는 John McGowan, *Hannah Arendt. An Introduction* (Minneapolis: University of Minnesota Press, 1988), p. 125.

15) LK, 63.

16) LK, 72.

17) LK, 72.

18) I. Kant, *Anthropologie in pragmatischer Hinsicht*, § 50, *Werke in zehn Bänden*, Bd. 10 (Darmstadt, 1983), p. 535. LK, 70~71.

19) 한나 아렌트, 《인간의 조건》, 434쪽. HC, 324.

20) 한나 아렌트, 《예루살렘의 아이히만》, 400쪽. EJ, 294~295.

참고 문헌 ————————————

한나 아렌트의 인용문은 원문에서 직접 번역했지만, 독자의 편의를 위해 한국어판 출처도 함께 밝혀두었다. 본문에서 인용한 한나 아렌트의 저술들은 원전과 한국어판을 나누어 정리했으며 원전은 제목을 약어로 표기하여 쪽수를 함께 적어놓았다.

BPF   *Between Past and Future. Eight Exercises in Political Thought* (New York: Penguin Books, 1977).

CR   *Crises of the Republic* (San Diego · New York · London: A Harvest/HBJ Book, 1972).

EU   *Essays in Understanding, 1930~1954*, ed. Jerome Kohn (New York: Harcourt, Brace & Co., 1994).

HC   *The Human Condition*, Second Edition, (Chicago: The University of Chicago Press, 1998).

LK   *Lectures on Kant's Political Philosophy*, ed. Ronald Beiner (Chicago: University of Chicago Press, 1992).

LOM   *The Life of the Mind* (New York: Harcourt Brace Jovanovich, 1978).

OR   *On Revolution* (New York: Penguin Books, 1990).

OT   *The Origins of Totalitarianism* (San Diego · New York · London: A Harvest Book, 1976).

OV   *On Violence* (San Diego · New York · London: A Harvest Book, 1970).

PP   *The Promise of Politics* (New York: Schocken Books, 2005).

"Das Bild der Hölle", in *Nach Auschwitz. Essays & Kommentare 1*, hrsg. von Eike Geisel und Klaus Bittermann, (Berlin, 1985), pp. 49~62.

"Die vollendete Sinnlosigkeit", in *Nach Auschwitz. Essays & Kommentare 1*, hrsg. von Eike Geisel und Klaus Bittermann, (Berlin, 1985), pp. 7~30.

"Understanding and Politics", in *Essays in Understanding: 1930~1954* (New York: Harcourt Brace & Co., 1994).

"Zuneigung an Karl Jaspers", in *Sechs Essays* (Heidelberg, 1946).

"Eichmann in Jerusalem: An Exchange of Letters between Gershom Scholem and Hannah Arendt", reprinted in Ron H. Feldman(ed.), Hannah Arendt, *The Jew as Pariah: Jewish Identity and Politics in the Modern Age* (New York: Grove Press, 1978).

"Lying in Politics. Reflections on the Pentagon Papers", in *Crises of the Republic* (New York: Harcourt Brace Jovanovich, 1972), pp. 1~47.

"Philosophy and Politics", *Social Research, vol.* 57. no. 1 (1990), pp. 73~103.

"Thinking and Moral Considerations: A Lecture", *Social Research* 38, no. 3(fall 1971).

Denktagebuch: 1950 bis 1973 (München: Piper, 2002).

Elemente und Ursprünge totaler Herrschaft. Antisemitismus, Imperialismus, totale Herrschaft (München/Zürich: Piper, 1986).

Hannah Arendt/Karl Jaspers, Briefwechsel 1926~1969, hrsg. v. Lotte Köhler und Hans Saner (München/Zürich: Piper, 1985).

Responsibility and Judgment, ed. Jerome Kohn (New York: Schocken Books, 2003).

Sokrates. Apologie der Pluralität (Berlin: Matthes & Seitz, 2016).

Was ist Politik? (München: Piper, 2003).

《공화국의 위기》, 김선욱 옮김, 한길사, 2011.

《예루살렘의 아이히만》, 김선욱 옮김, 한길사, 2006.

《이해의 에세이》, 홍원표 외 옮김, 도서출판 텍스트, 2012.

《인간의 조건》, 이진우 옮김, 한길사, 2017.

《전체주의의 기원》, 이진우 · 박미애 옮김, 한길사, 2006.

《정신의 삶 1》, 홍원표 옮김, 푸른숲, 2004.

《정치의 약속》, 김선욱 옮김, 푸른숲, 2007.

《혁명론》, 홍원표 옮김, 한길사, 2004.

한나 아렌트의 정치 강의

1판 1쇄 발행일 2019년 6월 24일
1판 4쇄 발행일 2022년 11월 28일

지은이 이진우

발행인 김학원
발행처 (주)휴머니스트출판그룹
출판등록 제313-2007-000007호(2007년 1월 5일)
주소 (03991) 서울시 마포구 동교로23길 76(연남동)
전화 02-335-4422 **팩스** 02-334-3427
저자·독자 서비스 humanist@humanistbooks.com
홈페이지 www.humanistbooks.com
유튜브 youtube.com/user/humanistma **포스트** post.naver.com/hmcv
페이스북 facebook.com/hmcv2001 **인스타그램** @humanist_insta

편집주간 황서현 **편집** 전두현 김선경 **디자인** 김태형
조판 이희수 com. **용지** 화인페이퍼 **인쇄** 청아디앤피 **제본** 민성사

ⓒ 이진우, 2019

ISBN 979-11-6080-271-9 03100

• 이 책은 저작권법에 따라 보호받는 저작물이므로 무단 전재와 무단 복제를 금합니다.
• 이 책의 전부 또는 일부를 이용하려면 반드시 저자와 (주)휴머니스트출판그룹의 동의를 받아야 합니다.